Claudia Nuber

Auffallend gut bewerben für freche Frauen

REDLINE WIRTSCHAFT

Sie sehen die Dinge und fragen „Warum?“.
Ich aber träume von Dingen, die es noch nie gegeben hat, und frage „Warum nicht?“.

G.B. Shaw

Dieses Buch ist allen Frauen gewidmet, die mutig ausgetretene Pfade verlassen, um ihre eigenen Spuren zu legen.

Claudia Nuber
www.cnconsult.de

Claudia Nuber

Auffallend gut bewerben für freche Frauen

Außergewöhnliche Bewerbungen, die überzeugen

REDLINE WIRTSCHAFT

Claudia Nuber
Auffallend gut bewerben für freche Frauen
Außergewöhnliche Bewerbungen, die überzeugen
Frankfurt: Redline Wirtschaft, 2005
ISBN 3-636-01190-1

Unsere Web-Adresse:

http://www.redline-wirtschaft.de

Umschlag: Vierthaler & Braun, München
Coverabbildung: Getty Images

Satz: Redline GmbH, J. Echter
Druck: Himmer, Augsburg
Printed in Germany 01190/030501

Inhaltsverzeichnis

Anmerkung

Um das Arbeiten mit diesem Buch für Sie möglichst einfach und effizient zu gestalten, haben wir wichtige Textpassagen mit folgenden Icons gekennzeichnet:

Achtung, wichtig

Aufgabe, Übung

Das sollten Sie auf jeden Fall vermeiden.

Beispiel

Tipp

Vorwort

Dieses Buch will Frauen Mut machen, beruflich die Initiative zu ergreifen und sich mit einem Schuss persönlicher Frechheit wohl vorbereitet den Herausforderungen zu stellen, die ihnen auf dem Weg zu einem neuen Job begegnen.

1. Glauben Sie an sich und Ihre Möglichkeiten!
   Obwohl sich Männer und Frauen beruflich auf gleicher Augenhöhe befinden, kursieren immer noch Vorurteile, wie zum Beispiel:
   „Frauen sind weniger belastbar." Stimmt nicht, wie sonst könnten sie Frausein, Karriere und Familienleben weitgehend unter einen Hut bringen? Glauben Sie mir, viele Manager, die ich kenne, wären mit dieser Vielschichtigkeit von Anforderungen trotz ihrer großen beruflichen Kompetenz schlichtweg überfordert. Allerdings würde sich auch kein berufstätiger Mann den Luxus leisten, Familie und Beruf zu 100 Prozent ausfüllen zu wollen!
   „Frauen sind zickig." Wenn damit Zickenalarm und Stutenbissigkeit gemeint sind, stimme ich zu. Wenn es sich allerdings um ein pauschales Statement handelt, hinter dem sich miese Angreifer verstecken, ist es höchste Zeit, das Gegenteil zu beweisen. Tipps zum Wie finden Sie in den folgenden Kapiteln.
   „Frauen sind unlogisch und emotional." Na ja, wenn man betrachtet, wohin uns männliche Logik gebracht hat, kann ein Schuss weiblicher Unlogik nicht schaden. Frauen haben einen besseren Zugang zu ihren Emotionen. Männer müssen ihn erst wieder mühsam erwerben. Dafür haben sie ein so genanntes Pokerface, während man Frauen leichter ansieht, wie es in ihnen aussieht.

„Kinder bekommen, heißt Karriereknick." Ja! Ob Mann oder Frau, es trifft beide, wenn sie nach der Geburt zu Hause bleiben. Es ist für Deutschland allerhöchste Zeit, Lösungen für die leichtere Vereinbarkeit von Kindern und Karriere anzubieten, die über reine „Aufbewahrung" hinausgehen. Andere europäische Länder haben das Problem schon lange gelöst, ohne dass zum Beispiel die französischen Kinder psychisch auffällig wurden oder die spanische Institution der Familie zerbrach.

„Männer verdienen mehr." Stimmt überwiegend, aber nur weil Frauen zu wenig fordern. Übrigens: Carly Fiorina, bis Februar 2005 mächtigste Managerin der Welt als Chefin von Hewlett-Packard, hat sich ihren Rausschmiss mit 21,1 Mio. Dollar vergolden lassen und damit für eine weiche Landung gesorgt. Also: Sorgen Sie für sich, sonst tut es vielleicht keiner!

„Frauen haben weniger Hirnmasse." Stimmt. Das Gehirn einer Frau ist, trotz Berücksichtigung ihrer kleineren Körpergröße, um 10 Prozent kleiner als ein männliches. Verstandesmäßig bewegen sich die Geschlechter bis zum Alter von ca. sieben Jahren auf gleichem Niveau. Dann bilden sich Unterschiede heraus, die u. U. kulturell bedingt sind. Im Großen und Ganzen ist es so, dass sich männliche und weibliche Verstandeskraft ebenbürtig sind, nur dass Männer und Frauen auf unterschiedliche Weise zu Resultaten gelangen. Zum Beispiel wie in diesem Witz:

Ein Unternehmen hat seine Spitzenleute auf ein teures Seminar geschickt. Sie sollen lernen, auch in ungewohnten Situationen Lösungen zu erarbeiten. Am zweiten Tag wird einer Gruppe von Managern die Aufgabe gestellt, die Höhe einer Fahnenstange zu messen. Sie beschaffen sich also eine Leiter und ein Bandmaß. Die Leiter ist aber zu kurz, also holen sie einen Tisch, auf den sie die Leiter stellen. Es reicht immer noch nicht. Sie stellen einen Stuhl auf den Tisch, aber immer wieder fällt der Aufbau um. Alle reden durcheinander, jeder hat andere Vorschläge zur Lösung des Problems. Eine Frau kommt vorbei, sieht sich das Treiben an. Dann zieht sie wortlos die Fahnenstange aus dem Boden, legt sie auf die Erde, nimmt das Bandmaß, misst die Stange vom einen Ende bis zum anderen, schreibt das Ergebnis auf einen Zettel und drückt ihn zusammen mit dem Bandmaß einem der Männer in die Hand. Dann geht sie weiter. Kaum ist sie um die Ecke, sagt einer der Top-Manager: „Das war wieder typisch Frau! Wir müssen die Höhe der Stange wissen und sie misst die Länge! Deshalb lassen wir weibliche Mitarbeiter auch nicht in den Vorstand."

Was nichts anderes heißt, dass Frauen für Männer eine ernst zu nehmende Konkurrenz sind im Poker um die Schaltstellen der Macht.

2. Verlassen Sie die kuschelige Bequemlichkeitsfalle!
   Viele von uns haben sich ihr Leben so eingerichtet, dass es irgendwie funktioniert. Wir haben (noch) eine Arbeit, die uns mehr oder weniger befriedigt, und am Monatsende ist Geld auf dem Konto. Unsere Beziehung ist auch okay. Na ja, vielleicht dümpelt sie auch ein bisschen vor sich hin, aber so im Großen und Ganzen … Kommt Ihnen das bekannt vor? Wenn ja, befinden Sie sich in bester Gesellschaft! Wir sitzen alle irgendwann einmal drin. In der Bequemlichkeitsfalle ist es kuschelig, vertraut und irgendwie sicher. Das vage Unzufriedenheitsgefühl betäuben wir mit mehr oder weniger sinnlosen Aktivitäten, Frustshopping oder nächtlichem Kühlschrankausräumen. Falls Sie solche Symptome bei sich beobachten, dann ist es höchste Zeit, Ihre Kraft zu sammeln, um aus dieser muffigen, gepolsterten Falle auszubrechen und ins farbenrohe richtige Leben zurückzukehren!
3. Gehen Sie mutig Ihren eigenen Weg!
   Niemand hat die Schwierigkeiten und Chancen, die in dieser Aufforderung stecken, je besser ausgedrückt als Hermann Hesse in seinem Gedicht „Stufen":

   Wie jede Blüte welkt und jede Jugend
   Dem Alter weicht, blüht jede Lebensstufe,
   Blüht jede Weisheit auch und jede Tugend

Zu ihrer Zeit und darf nicht ewig dauern.
Es muss das Herz bei jedem Lebensrufe
Bereit zum Abschied sein und Neubeginne,
Um sich in Tapferkeit und ohne Trauern
In andre, neue Bindungen zu geben.
Und jedem Anfang wohnt ein Zauber inne,
Der uns beschützt und der uns hilft zu leben.
Wir sollen heiter Raum um Raum durchschreiten,
An keinem wie an einer Heimat hängen,
Der Weltgeist will nicht fesseln uns und engen,
Er will uns Stuf‘ um Stufe heben, weiten!
Kaum sind wir heimisch einem Lebenskreise
Und traulich eingewohnt, so droht Erschlaffen,
Nur wer bereit zu Aufbruch ist und Reise,
Mag lähmender Gewöhnung sich entraffen.
Es wird vielleicht auch noch die Todesstunde
Uns neuen Räumen jung entgegensenden,
Des Lebens Ruf an uns wird niemals enden ...
Wohlan denn, Herz, nimm’ Abschied und gesunde!

Wie geht es Ihnen, wenn Sie spüren, dass es Zeit ist aufzubrechen zu neuen Ufern? Wahrscheinlich fragen Sie sich wie wir alle, wenn wir ehrlich sind, was danach kommt und ob Sie es richtig machen. Sie mögen unsicher sein, wo Sie die Reise hinführen wird, aber jede noch so lange Reise beginnt mit dem ersten Schritt, sagen die Weisen.

Ich wünsche Ihnen, liebe Leserinnen, dass Sie zu einer Work-Life-Balance finden, die Ihnen erlaubt, eine glückliche berufstätige Frau bzw. Mutter zu scin!

Ihre *Claudia Nuber*
www.cnconsult.de

1 Die Klarheit der Erkenntnis

Auffallen – aber richtig!

Copyright: Gutsch-Verlag, Berlin

Lassen Sie uns gleich zu Anfang auf den provokanten Buchtitel eingehen, den der Verlag meinem Manuskript verpasst hat. Es ist nicht jederfraus Sache, aufzufallen. Auch ich würde mich hin und wieder gerne in der Masse verstecken. Doch freche Frauen haben einfach weniger Probleme damit, positiv (!) aufzufallen, denn:

- ❑ Sie wissen, dass sie die Wahl haben und nicht immer auffallen müssen.
- ❑ Sie sind selbstsicher. Das heißt, sie sind sich sicher, wer sie sind und was sie können.
- ❑ Sie sind selbstbewusst. Das heißt, sie sind sich ihres Potenzials, das sie vielleicht schon entdeckt haben oder das noch in ihnen schlummert, bewusst.
- ❑ Sie sind zielorientiert. Das heißt, sie haben den ausgeprägten Willen, etwas Bestimmtes mit Sicherheit zu erreichen, und wenn sie sich nach reiflicher Überlegung etwas vornehmen, dann führen sie es auch aus.
- ❑ Sie haben Spaß an dem, was sie tun, und sehen das Leben eher durch die positive Brille, auch wenn die Vorzeichen einmal negativ sind.
- ❑ Die Angst, sich zu blamieren, nehmen freche Frauen leichter in Kauf, als auf das zu verzichten, was sie haben oder gerne tun wollen.
- ❑ Freche Frauen verstellen sich weniger als diejenigen unter uns, die widerspruchslos ausgetretenen Pfaden folgen und oft ergebnislos versuchen, es immer allen recht zu machen. Freche Frauen geben ihren Überzeugungen den Raum, der sie (be-) greifbar und dadurch auch angreifbar macht.
- ❑ Sie sind eher inspirierte Macherinnen als angepasste Mitläuferinnen. Das ist zwar unbequemer, als in der Horde mitzutraben, doch das Leben wird bunt und anregend.

Was bedeutet „auffallen"?

In unserem Sprachgebrauch wird das Wort „auffallen" oft mit negativen Vorzeichen versehen. Warum das so ist? Wenn wir es wagen, aus dem Einheitsbrei des vermeintlich Normalen auszusteigen, dann stehen wir plötzlich auffällig alleine da. Das kann ziemlich unangenehm sein, weil alle Aufmerksamkeit auf uns gerichtet ist. Viele Menschen haben Angst vor dem Anderen, dem Ungewohnten oder dem Außergewöhnlichen.
Ich lade Sie jetzt ein, das Wort „auffallen" und alles, was Sie damit verbinden, einmal genau zu betrachten. Es ist durchaus möglich, dass sich dadurch Ihre Einstellung zum Auffallen auffällig verändert.
Im Wörterbuch findet man folgende Synonyme (das sind Worte mit gleicher oder ähnlicher Bedeutung) zum Wort „auffallen":

Beeindrucken

❏ Habe ich es nötig, Eindruck zu schinden?
❏ Ist an mir etwas Beeindruckendes?
❏ Was ist es genau und wie gehe ich damit um?
❏ Welches ist der erste Eindruck, den mein Gegenüber von mir gewinnt?

Blenden

❏ Wovon lasse ich mich blenden?
❏ Erkenne ich einen Unterschied zwischen auffallen und blenden?
❏ Wenn ja,welchen?
❏ Wo stelle ich mein Licht unter den Scheffel?

Hervorragen

❏ In welchen Situationen war ich hervorragend?
❏ Wie habe ich mich dabei von anderen unterschieden?
❏ Welches ist meine hervorragendste Eigenschaft?
❏ Wo habe ich sie mir angeeignet?

Entgleisen

- ❑ Was bringt mich zum Entgleisen – wo raste ich aus und warum?
- ❑ Wo laufe ich in falschen Gleisen?
- ❑ Was geschieht, wenn ich die eingefahrenen Gleise verlasse?
- ❑ Was muss ich ändern, um meinen Lebenszug selbst zu steuern?

Überraschen

- ❑ Wie gehe ich mit Überraschungen um?
- ❑ Womit habe ich jemanden überrascht?
- ❑ Welche Vorteile hat es für mich, überraschend zu sein?
- ❑ Wie reagieren Kollegenkreis/Familie/Freunde darauf?

Sich auszeichnen, sich hervortun

Klingt nach einer strebsamen Klassenbesten? Die ist hier nicht gemeint, sondern die freche Frau, die sich gerne für ihre Leistungen auszeichnen lässt! Sollten Sie das noch nicht so souverän beherrschen, können Ihnen diese vier Fragen helfen:

- ❑ Wie gehe ich mit Lob um?
- ❑ Macht es mir Spaß, besser als die anderen zu sein?
- ❑ Kann ich Komplimente annehmen?
- ❑ Fordere ich Anerkennung und berechtigtes Lob ein?

Letzteres ist gerade in beruflichen Situationen sehr wichtig. Mitarbeiter beklagen zu Recht, dass mit Anerkennung und Lob noch mehr gespart wird als mit Gehaltszulagen. Der Autor und Referent Reinhard K. Sprenger fragt in seinen Seminaren die teilnehmenden Führungskräfte regelmäßig: „Haben Sie heute schon demotiviert?“ Damit gelingt es ihm immer wieder, Vorgesetzte ins Grübeln darüber zu bringen, wie man Mitarbeiter gut behandelt und was mit Lob und Auszeichnung alles zu erreichen ist. Ein lernendes Unternehmen ist nichts anderes als eine Ansammlung von Menschen, die voneinander lernen, um eine Sache gemeinsam voranzutreiben. Und je hervorragender die einzelnen Mitarbeiter sind, desto besser!

Beachtet werden

Im Rampenlicht zu stehen ist für viele von uns ein Gräuel. Es ist immer wieder eine Herausforderung und ohne Lampenfieber geht es erst nach viel Übung. Finden Sie es prickelnd, beachtet zu werden, wenn Sie gut gestylt als Letzte den Konferenzraum betreten und sich gut vorbereitet gekonnt in Szene setzen? Die Aufmerksamkeit der männlichen Kollegen und der Neid der (weniger frechen!) weiblichen ist Ihnen gewiss.

Es gibt noch andere Situationen, in denen Sie positiv beachtet werden:

- ❏ Wenn Sie etwas sagen, das die Sache auf den Punkt bringt (auch wenn es im ersten Moment unbequem sein mag).
- ❏ Wenn Sie Zivilcourage zeigen, indem Sie sich für etwas stark machen, von dem Sie überzeugt sind.
- ❏ Wenn Ihre Präsentation mit weniger Folien mehr Inhalt transportiert.
- ❏ Wenn Sie hinter dem Vorhang des Einheitsgraus mit Ihrer vielfarbigen Persönlichkeit hervortreten. Picasso sagte dazu: „Wenn es nur eine Wahrheit gäbe, könnte man nicht hundert Bilder über dasselbe Thema malen."
- ❏ Wenn Ihr Enthusiasmus und Ihre Lebensfreude andere mitreißen.

Sie sehen, Sie fallen immer dann auf, wenn Sie das Maß der anderen übersteigen. Wenn Sie besser ausgebildet, kompetenter, attraktiver, witziger etc. als Ihre Umgebung sind. Wichtig ist dabei, dass Sie ganz authentisch zu Ihrer eigenen Größe stehen können!

Fragen Sie sich!

Was ist Ihnen lieber: In der kuscheligen Freundinnen-Ecke Harmonie auszuleben oder mutig – und wenn es sein muss, auch in Highheels – den Kampf um die besten Plätze auf der Karriereleiter aufzunehmen? Dabei müssen Sie nicht verbissen kämpfen. Die eiserne Lady, die mit Zornesfalten jede eroberte Sprosse erbittert verteidigt, ist wenig attraktiv. Spielen Sie mit Lust am Gewinnen das Spiel um Positionen und lassen Sie sich gerne – auch von Männern – dabei helfen. Werden Sie eine Lebens-Unternehmerin, die frech und selbstbewusst ihre Zukunft gestaltet, ohne das realistische Jetzt aus den Augen zu verlieren.

Die richtige Dosis bringt's!

In Ihrer Bewerbung und im Vorstellungsgespräch ist es wichtig, dass Sie sehr deutlich zum Ausdruck bringen, warum gerade Sie die richtige Besetzung für die anvisierte Stelle sind. Das ist kaum möglich, ohne sich von der Vielzahl an MitbewerberInnen abzugrenzen und zu unterscheiden. Dabei ist es sehr wichtig, dass Sie bei Ihrer Art aufzufallen die richtige Dosis wählen, um positiv anzukommen. Denn „Auffallen um jeden Preis“ haben Sie bestimmt nicht nötig!
Bevor Sie sich Ihre auffallend gute Strategie zurechtlegen, sollten Sie mit sich klären, was für Sie eine angemessene Form des Auffallens darstellt. Sie können bereits durch eine außergewöhnliche Form Ihrer Bewerbungsmappe im Vorfeld auffallen.

z.B.

Nicola war bewusst, dass in der Pharmabranche gut dotierte Stellen in der Verwaltung erstens rar und zweitens heiß begehrt sind. Als nun ein weltweit agierendes Unternehmen einen Produkt-Sachbearbeiter für neue Geschäftsfelder suchte, überlegte sie, wie ihre Bewerbung auf seriöse Weise auffallen könnte, denn sie wollte diesen Job unbedingt haben, galt doch dieses Unternehmen als guter, wenn auch konservativer Arbeitgeber.

Sie ließ sich viele Varianten zur Bewerbungsmappe durch den Kopf gehen, die sie allesamt als zu poppig verwarf. Am Ende entschied sich für eine Bewerbung mit einem ungewöhnlichen Format. Der Aufwand, einen quadratischen Umschlag größer als DIN-A4-Papier zu finden, war erheblich. Auch die Suche nach einem Grafiker, der ihre Zeugnisse auf ebenso quadratisches Papier vergrößern und kopieren konnte, war schwierig. Nicola verwandte sehr viel Mühe auf das Anschreiben, um zu vermeiden, dass sie und ihre Bewerbung „in die falsche Schublade gesteckt werden".
Der Personalreferent des Pharmaunternehmens erzählte mir zu dieser Bewerbung Folgendes: Wir bekamen immens viele Zuschriften auf unser Inserat und sind in Bewerbungen fast erstickt. Dann noch dieser komische Umschlag! Wir waren richtig genervt, weil er dauernd aus dem Stapel fiel. Deshalb haben wir diese Unterlagen auch gleich aus dem Stapel gezogen und angesehen. Das Anschreiben war gewinnend formuliert und die Qualifikationen stimmten auch mit unseren Anforderungen überein. Das hat uns wieder versöhnt und wir waren neugierig zu sehen, wer sich hinter dieser Kombination aus fachlicher Qualifikation, Listigkeit und ein bisschen Frechheit verbirgt. Also haben wir Nicola vor allen anderen eingeladen. Als sie zum Vorstellungstermin kam, war sie dem Dress-Code des Unternehmens entsprechend konservativ gekleidet. Im Gespräch antwortete sie sachlich und konventionell. Nur das Funkeln in ihren Augen, das ab und zu aufblitzte, verriet ihren hintergründigen Humor. Nicola hat uns gefallen, die Chemie stimmte und wir stellten sie ein. Den anderen Bewerbern haben wir gleich abgesagt und uns damit eine Menge unnötiger Arbeit erspart.

Checkliste: Wenn Sie unsicher sind, ob Sie wirklich auffallen wollen, versuchen Sie, es durch die Beantwortung folgender Fragen herauszufinden.

1. Bin ich überhaupt der Typ, der gerne auffällt?
   Aus einem Häschen wird nie eine Löwin werden. Doch auch eine Häsin kann auf ihre Weise auffallen, denn sanfte Wesen haben ebenso wirksame Strategien, um ihren Weg zu machen. So wie das Wasser den Felsen schneidet, so dominiert das Schwache das Starke. Denken Sie einmal darüber nach!
2. Wie gehe ich mit Überraschungen um?
   Wenn Sie selbst keine Überraschungen mögen, werden Sie vielleicht gerne darauf verzichten, anderen welche zu bereiten. Doch gibt es nicht klitzekleine Überraschungen, die Sie gerne hätten?
3. Was bedeutet es für mich, wenn ich mich von anderen unterscheide?
   Wenn Sie sich dabei ausgegrenzt und eher einsam fühlen, dann ist es durchaus möglich, dass Sie in der Harmonie- und Kuschelecke Gleichgesinnter besser aufgehoben sind. Und daran ist überhaupt nichts falsch, auch das hat seine eigene Qualität.
4. Wodurch unterscheide ich mich von anderen?
   Wir gehören zwar alle der Gattung Homo sapiens an, doch unterscheiden wir uns voneinander. Finden Sie heraus, wo Ihre Unterscheidungsnuancen sind. Sie werden überrascht sein, wie viele Sie finden.
5. Was habe ich, das andere nicht haben?
   Welche besonderen Kenntnisse, welche Aspekte Ihrer Persönlichkeit, welche Beziehungen oder Erfahrungen können Sie Ihrem potenziellen Arbeitgeber anbieten?

6. Womit kann ich andere verblüffen?
   Wenn Ihnen zum Beispiel ein Schachzug gelingt, den andere nicht gewagt hätten, oder Sie eigenartigerweise unterschätzt wurden.
7. Wie kann ich auffallen?
   Es gibt viele Möglichkeiten, sich im Bewerbungsprozess von anderen zu unterscheiden. Im Vorfeld mit einer auffallenden Mappe oder durch außergewöhnliche Fähigkeiten, die Sie dem Unternehmen bieten können, oder im Vorstellungsgespräch durch Ihre zum Unternehmen passende persönliche Selbstdarstellung. Welche dieser Möglichkeiten Sie in welcher Dosierung für sich auswählen, sollte Ihrer Persönlichkeit angemessen sein. Auffallen um jeden Preis ist ein Bumerang, der ganz bestimmt auf Sie zurückfällt.

Was sind freche Frauen?

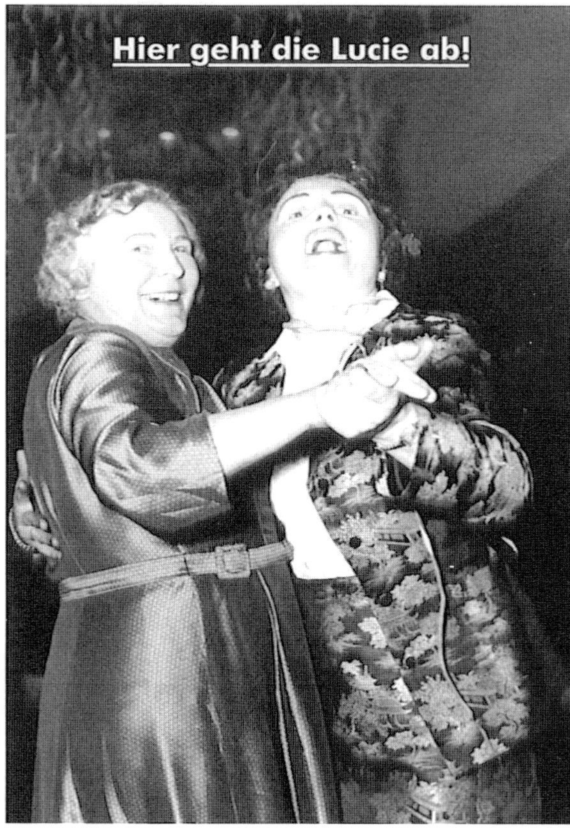

Copyright: Gutsch-Verlag, Berlin

Frauen, die selbstbewusst und schlagfertig – mit Charme und einem gewissen Maß an Unerschrockenheit durchs Leben gehen, werden oft von der Umwelt als „frech“ abgestempelt. Die Interpretation des Wortes „frech“ ist in jedem Fall abhängig von der Position, aus der man es betrachtet: Meine große Schwäche ist, frech zu sein. Doch wenn ich nicht so wäre, wie ich bin, dann wäre ich nicht, wer ich bin und ganz bestimmt nicht, wo ich heute bin! Selten halte ich mich zurück aus Angst, mich zu blamieren – es gehört für mich zum Leben dazu und Humor ist, wenn man trotzdem lacht.

Lassen Sie uns das Wort „frech“ einmal am Beispiel meiner kleinen Freundin Jo betrachten: Wenn diese Siebenjährige etwas will, dann ist sie selten bereit, vom Objekt ihrer Begierde abzulassen – es sei denn, man bietet ihr noch etwas Besseres! Und dann wird sie sich zuerst überlegen, ob sie nicht beides haben kann – und sämtliche Register ziehen, um es zu bekommen! Ob fordern, weinen, jammern, schmeicheln oder mit treuherzigem Blick so aussehen, als könne sie ganz bestimmt kein Wässerchen trüben – alle Tricks beherrscht sie perfekt und setzt sie zielgerichtet ein. Und wenn Jo dann immer noch nicht bekommt, was sie will, wird sie sich ganz ernsthaft beschweren, dass sie sich doch jetzt soooo angestrengt hat, und das war alles für umsonst! Da wird doch jedes Herz, vor allem jedes männliche Herz, buttercremeweich und so manches Nein schmilzt dahin wie Aprilschnee in der Frühlingssonne.

Meine Damen, es kann doch nicht der Preis des Erwachsenwerdens sein, dass wir dieses wirkungsvolle Repertoire an Waffen ungenutzt vor sich hinrosten lassen? Das ist sinnlose Verschwendung. Mädels, kommt heraus aus euren plüschigen Kemenaten, poliert eure Waffen, bringt sie auf den neuesten Stand der Technik und zieht damit auf Stellensuche!

Die Waffen einer Frau

❑ Freche Frauen kennen ihr Waffenarsenal und setzen es geübt und wirkungsvoll ein. Sei es der unnachahmliche Blick, mit dem Lauren Bacall Hollywood und Humphrey Bogart eroberte, sei es der messerscharfe Verstand, die superschnelle Denke oder die sichere Intuition. Sei es das Spezial-Know-how, das geniale Organisationstalent oder die charismatische Selbstdarstellung. Egal, was sich in Ihrer Waffenkammer befindet, Hauptsache Sie wissen, wie Sie gekonnt damit umgehen. Wobei jede Meisterin immer wieder Übung braucht …

❑ Freche Frauen wissen, was sie können, sie sind gut qualifiziert und haben es sich abgeschminkt, ihr Licht unter den Scheffel zu stellen. Erstens sieht es sowieso keiner und zweitens wollen Sie doch für Ihre Leistung gelobt werden – zumindest ab heute!

Schluss mit Mauerblümchen!

❑ Freche Frauen sind stolz auf ihre Leistung. Bescheidenes Mauerblümchen-Dasein und mickrige Phrasen wie „Oh, da habe ich Glück gehabt" sind ihre Worte nicht. Kraftvolle Aussagen wie „Ich bin glücklich, dass ich zur Problemlösung beitragen konnte" oder „Es freut mich, dass Sie sich meiner Argumentation anschließen" sind eher ihre Ausdrucksweise.

Freche Frauen sind zielorientiert

❑ Freche Frauen sind zielbewusst. Die Aussage „Wer sein Ziel nicht kennt, wird den Weg nicht finden" hat mit ihnen nichts zu tun. Sie wissen sehr genau, was sie wollen, warum sie es wollen und wie sie ihr Ziel bis wann erreichen möchten. Mit Unsicherheiten auf dem Weg gehen sie proaktiv um und scheuen sich nicht, um qualifizierten und ehrlichen Rat oder um Hilfestellung zu fragen. Dabei haben sie keine Berührungsängste vor dem männlichen Geschlecht, im Gegenteil!

Ein Quäntchen Mumm

❑ Freche Frauen können Freund und Feind unterscheiden. Sie fallen nicht auf jede ach so zuckersüße Falle herein. Besonders auf die, die von lieben Kolleginnen aufgestellt werden. Sie sind souverän genug, damit fertig zu werden, dass nur manche sie lieben, viele sie respektieren lernen und noch mehr sie beneiden werden. Worum? Na, um das bestimmte Quäntchen Mumm, das, sinnvoll eingesetzt, einen großen Unterschied machen kann.

- Freche Frauen verschwenden keine Zeit mit Zicken oder Mobben. Sie sind sich über ihre Stärken und Schwächen im Klaren. Sie können auch Frauen neben sich ertragen, ohne in die weit verbreitete und absolut irrationale Stutenbissigkeit zu verfallen, die viele Frauen daran hindert, im Beruf weiter zu kommen.

Freche Frauen kennen keine Zicken

- Freche Frauen nehmen in Kauf, dass sie fast (!) jedes Mittel einsetzen müssen, um dorthin zu kommen, wo sie hin wollen. Und die sich nicht kleinkriegen lassen – es sei denn, sie haben schon längst ein noch lohnenderes Ziel entdeckt.

Sie lassen sich nicht kleinkriegen

- Freche Frauen wissen, dass es nichts nützt, auf bessere Tage zu warten. Sie machen sich auf ihren Weg und sind lieber Vorreiterin, anstatt in der Masse vermeintliche Geborgenheit zu suchen. Das erfordert ein liebevolles Verhältnis mit sich selbst, um mit dem alttestamentarischen Gebot „Liebe deinen Nächsten wie dich selbst" zu sprechen. Nur wer mit sich selbst im Reinen ist, kann auch mit anderen im Reinen sein.

Sie sind mit sich selbst im Reinen

- Freche Frauen haben etwas Besonders: Trotz ihrer äußeren Schlagfertigkeit sind sie innerlich ruhig und gelassen. Diese innere Ruhe lässt sie à point argumentieren und immer wieder die Führung übernehmen. Dadurch haben sie einen Vorsprung vor den operativen Hektikerinnen, die Stress mit Leistung verwechseln.

Sie sind ruhig und gelassen

- Freche Frauen lassen Männer neben sich gelten. Sie fallen weder in die Kategorie der Emanzen noch der Feministinnen – sie besetzen die Kategorie der frechen Frauen. Männer sind einfach das Beste, was es in dieser Art gibt, und wir können bestimmt noch viel voneinander lernen.

Sie sind keine Emanzen oder Feministinnen

- Freche Frauen setzen ihre Frechheit wohl dosiert ein. Sie wissen auch, dass sie manchmal eben nicht frech sein müssen, und sind manchmal durchaus Meisterinnen der leisen Töne. Umso größer ist dann der Überraschungseffekt, wenn sie wieder frech vom Leder ziehen – sozialverträglich, versteht sich.

Sie benutzen auch die leisen Töne

Sie sehen, freche Frauen sind ganz normale Frauen, die sich trauen, so zu sein, wie sie nun einmal sind. Zusammengefasst ergibt sich folgendes Bild:

1. Freche Frauen stellen ihre eigenen Regeln auf.
2. Freche Frauen stellen klare Forderungen.
3. Freche Frauen sind stolz auf ihre Erfolge.
4. Freche Frauen haben keine Angst vor Kritik.
5. Freche Frauen wollen nicht um jeden Preis gefallen.
6. Freche Frauen nutzen ihre Kraft für ihre Ziele.
7. Freche Frauen lassen sich nicht verunsichern.
8. Freche Frauen haben eine Vision, der sie folgen.
9. Freche Frauen können differenziert denken.
10. Freche Frauen lassen sich nicht kleinkriegen.

Was die Statistik sagt

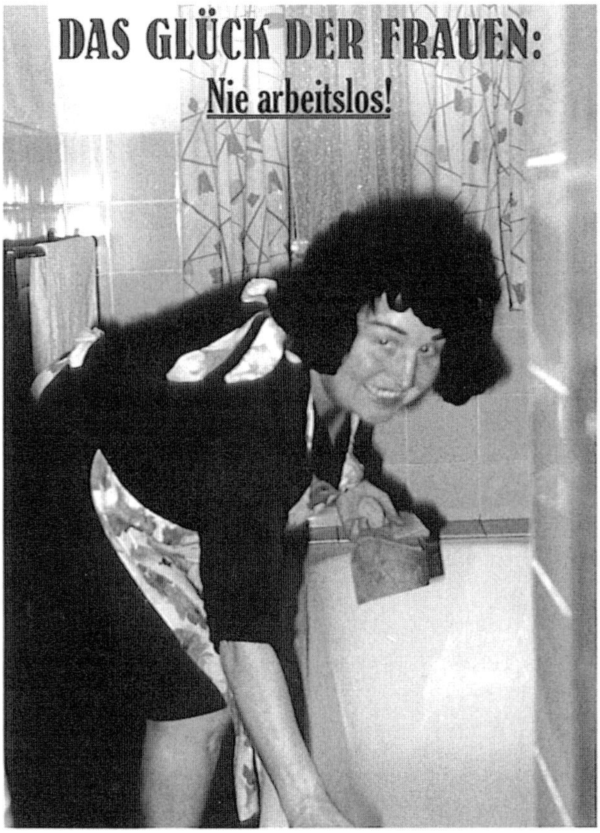

Copyright: Gutsch-Verlag, Berlin

Die Zukunftsforscher John Naisbitt und Matthias Horx haben einen Megatrend „Frauen“ ausgemacht. Wussten Sie, dass der Frauenanteil mit höherer Bildung im Jahr 2000 bei 56% lag und Frauen doppelt so häufig die Scheidung einreichen wie Männer?

Das lassen sich Frauen gefallen!

In 42% der deutschen Familien verwalten die Frauen das gemeinsame Geld, berichtet die Zeitschrift *Brigitte*. Trotzdem verdienten Frauen 2001 laut Statistischem Bundesamt in Industrie, Handel und Finanzen nur 79% dessen, was Männer verdienen, was zum Teil an den weniger anspruchsvollen Positionen und der Teilzeitquote liegen soll. In der ersten Führungsebene verdienen Frauen im Schnitt 17% weniger als Männer. Mehr als die Hälfte der weiblichen Führungskräfte im mittleren Management verdient laut dem Job- und Wirtschaftsmagazin *Junge Karriere* vom 31.08.2004 aktuell weniger als 50.000 Euro im Jahr. Damit ist das Gehalt für Frauen auf das Niveau von 1986 zurückgefallen. Nur rund ein Viertel der Männer in Führungspositionen muss sich derzeit mit einem vergleichbar niedrigen Verdienst zufrieden geben. In Unternehmen heißt es: „Ja, mit Frauen kann man das machen, sie lassen es sich gefallen.“ Das sollte uns trotz derzeitiger Arbeitsplatzknappheit sehr zu denken geben!

Führung

In den USA und in Asien ist das anders. An der Spitze vieler großer Konzerne stehen Frauen. Bei Xerox ist es Anne Mulcahy. Der Investmentbanker Smith Barney wird von Sallie Krawcheck geleitet, der man nachsagt, dass sie ihre Gegner freundlich niederlächelt. Der Frauenanteil im Topmanagement Amerikas liegt bei 15,7% während Deutschland gerade einmal 7,5% zustande bringt. Wobei man sagt, dass der Unterschied kulturell begründet sei, denn in den USA herrscht mehr Wettbewerb und weniger Mutterschutz, was Managerinnen auf ihrer Karriereleiter eher beflügelt als hemmt. Alles zum gleichen Zeitpunkt haben zu wollen – ein erfülltes Arbeitsleben, Privatsphäre und Familie –, das ginge nicht, erklärt Linda Sanford, Chefstrategin bei IBM und Mutter von zwei Kindern. Die Flexibilität, mal dem einen und mal dem anderen den Vorrang zu geben, die Sicherheit, in der Sache den Männern ebenbürtig zu sein und ebenso ehrgeizig auf ihre Ziele loszumarschieren, habe ihr geholfen, sich in 25 Jahren bis zur Spitze von Big Blue durchzuboxen. Indiens Vorzeigekonzern im Bereich Biotechnologie wird von Mazumdar Shaw geleitet, einer Frau, die außerdem die erste indische Braumeisterin war und damit scheiterte, weil Männer sich nicht daran gewöhnen konnten, für eine Frau zu arbeiten. Von diesen Vorurteilen hat sich Indien bereits verabschiedet. In vielen asiatischen Ländern ist es üblich, dass die Frau die Finanzen verwaltet – auch im beruflichen Umfeld!

Die erste Frau im Vorstand einer deutschen Großbank war 1988 Ellen Ruth Schneider-Lenné für das Ressort Kreditrisikomanagement der Deutschen Bank. Sie war für ihr Verhandlungsgeschick bekannt und leitete das Ressort bis zu ihrem Tod 1996. Christine Licci, bis 2004 im Vorstand der Citibank als Motivations-Frontfrau unterwegs, ist 2005 in den Vorstand einer bayerischen Bank gewechselt. Bei den Versicherern gibt es Frauen im Vorstand der Hannover Rück, des Deutschen Rings und bei Euler Hermes. Die erste Chefin der Bayerischen Börse München ist seit 2000 Christine Bortenlänger. Elisabeth Roegele, ehemalige Leiterin der Stuttgarter Börse, wechselte zur Bundesanstalt für Finanzdienstleistungsaufsicht. Versicherer und Banken haben einen Anteil von 6% an Frauen in Top-Führungspositionen. Professor Gertrud Höhler, Kommunikationsexpertin, verkündete im Jahr 2000, dass die Fusion von Deutscher Bank und Dresdner Bank wohl kaum so kläglich gescheitert wäre, wenn sich mehr dominante Frauen im Verhandlungsteam gefunden hätten.

An der Spitze der IHK Schwaben steht seit zehn Jahren Hannelore Leimer, eine gestandene Unternehmerin, die von sich sagt, sie lebe inhaltlich wie ein Mann. Der einzige Unterschied sei, dass Frauen beide Hirnhälften einsetzen und die Welt nicht durch den männlichen Tunnelblick betrachten. Eine solide Berufsausbildung und sich zielstrebig und hartnäckig dorthin zu begeben, wo die Macht ist – also immer noch bei den Männern –, sind ihrer Meinung nach wichtige Voraussetzungen für freche Frauen.

Von Frauen gegründete und geleitete Unternehmen wachsen laut einer OECD-Studie von 1998 in vielen Ländern schneller als das dortige Sozialprodukt. Frauenpower-Firmen in forschungsintensiven Bereichen haben ein doppelt so hohes Wachstum in den letzen 10 Jahren erreicht als von Männern geführte Unternehmen. In Bayern wird etwa jedes dritte Unternehmen von einer Frau gegründet. 2003 standen 39.000 Gewerbeanmeldungen von Frauen den 71.000 männlichen Gründungen gegenüber (Quelle: Arbeitsministerium des Freistaats Bayern).

Qualität

Bereits 1990 erklärten die beiden US-Psychologen Alice Eagly und Blair Johnson in einer Meta-Analyse von 171 geschlechtsspezifischen Studien, dass Frauen demokratischer führen als Männer. Dass sie mehr Wert legen auf die Erfüllung von Aufgaben und auf positive Beziehungen am Arbeitsplatz als ihre Kollegen. Und trotzdem sind immer noch nur 11% der 42% erwerbstätigen Frauen überhaupt in Führungspositionen! Frauen in den Chefetagen sind bescheiden – die Männer hingegen voller Selbstbewusstsein. Chefinnen-Qualitäten werden von 86% der 1000 Befragten als hoch bewertet. Sie seien fachlich kompetenter, setzen realistischere Ziele und können besser Mitarbeiter beurteilen. Frauen sind qualitätsbewusster und sensibler für Trends – was den überdurchschnittlich hohen Führungsfrauenanteil im Einzelhandel und der Textilindustrie erklärt.

Einer Umfrage des Forsa-Instituts zufolge werden Frauen als emotionaler, offener und partnerschaftlicher als Männer eingeschätzt. Allerdings seien Frauen intriganter und rücksichtsloser. Frauen rivalisierten und beurteilten Frauen wesentlich kritischer, war auch noch ein Kritikpunkt. Was bitte hindert uns Frauen daran, endlich solidarisch miteinander zu sein, anstatt uns gegenseitig zu behindern?

Die Zukunft wird weiblich!

Dagmar Deckstein, Kolumnistin der Süddeutschen Zeitung mit spitzer Feder, prophezeit in ihrem Essay „Die Zukunft wird weiblich" (ChangeX, Januar 2002), dass es sich die Wirtschaft nicht länger leisten kann, Frauen zu ignorieren. Früher oder später müssen die Unternehmen begreifen, dass sich Frauen durch das Multitasking zwischen Familie, Haushalt und Job viele Kompetenzen erworben haben, die Männern (leider noch immer) fehlen. Frauen trainieren im privaten Umfeld ihre Stärken in Konfliktmanagement, Beziehungskompetenz und Flexibilität. Bei allen dreien handelt es sich um unverzichtbare Fähigkeiten, will man in der heutigen Arbeitswelt, die sich von der Führungsintelligenz zur Beziehungsintelligenz wandelt, überhaupt ein Bein auf den Boden bekommen. Begriffe wie Führung und Macht bekommen eine neue, weibliche Dimension. Gleichzeitig weist Frau Deckstein auf pointierte Weise in ihrem Essay darauf hin, dass Frauen durchaus gelernt haben, viele Register gleichzeitig zu ziehen. Und das, meine lieben frechen Frauen, gibt uns doch Auftrieb!

Urteile und Vorurteile

Barbara Bierach stellt in ihrem Buch *Das dämliche Geschlecht* provozierend fest, dass Frauen sich immer noch mit den Krümeln vom Tisch der Macht zufrieden gäben und sich mit Mitte 30 schwanger in eine Villa am Stadtrand zurückzögen, um sich über das Thema Familie aus dem harten Karrierekampf auszuklinken. Und solange sich 47% der westdeutschen Frauen dahingehend äußern, dass es für alle besser sei, wenn der Mann arbeitet und die Frau zu Hause bleibt, wird sich daran wohl nichts ändern. Denn Frau Bierach sagt zu Recht: Gedanken schaffen Realität!

Zukunftsmusik

Die Unternehmensberatung MRI hat 2004 in einer Umfrage herausgefunden, dass Unternehmen wieder auf Neueinstellungen setzen. Vor allem, um die in den letzten Jahren unbesetzt gebliebenen Positionen zu füllen und die Leistungsträger zu entlasten. Trotzdem wollen 35% den Personalstand halten und 63% werden ihre Anstrengungen verstärken, um Mitarbeiter zu halten. Sie setzen dabei auf spezielle Anerkennungsprogramme, erweiterte Ausbildung und zusätzliche Arbeitgeberleistungen, jedoch weitestgehend ohne Gehaltserhöhungen.

Wer sind Sie?

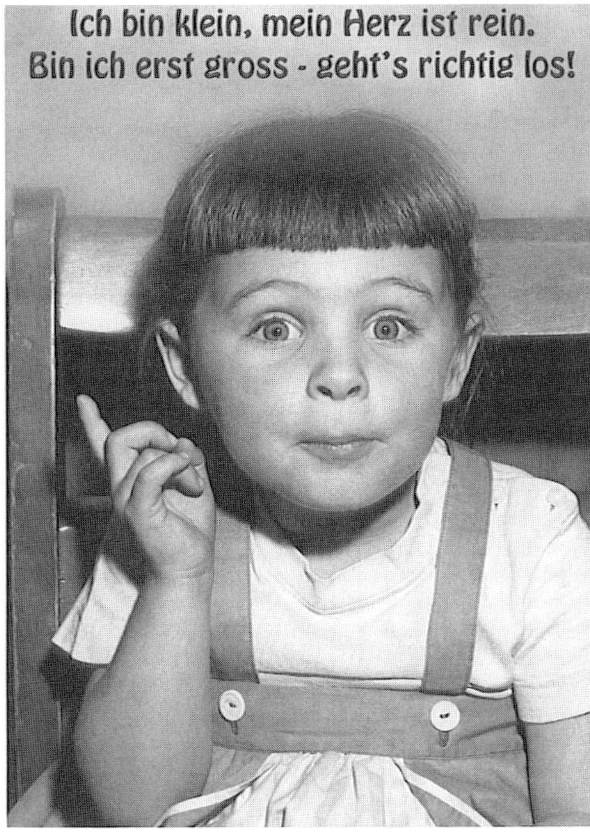

Copyright: Gutsch-Verlag, Berlin

Wer sind Sie?

Die fachlich perfekte Befehlsmaschine mit den besten Features macht zunehmend seltener das Rennen um die wirklich interessanten Arbeitsplätze. Mehr und mehr werden MitarbeiterInnen gesucht, die über ihre zweifelsfrei vorhandene fachliche Eignung hinaus Sozialkompetenz und Eigeninitiative besitzen, konstruktive Verbesserungs- und Veränderungsvorschläge ebenso einbringen wie ihren unverwechselbaren Charakter. Jedoch immer mit Maß und Ziel, denn Job ist Job und privat ist privat.

Für jede erfolgreiche Bewerbung ist effektives Selbstmarketing eine zwingende Voraussetzung. Stellen Sie sich vor, Sie seien Ihr Produkt, das Sie auf dem Stellenmarkt anpreisen.

- ❑ Was ist anders an Ihnen als an vergleichbaren Produkten?
- ❑ Wodurch unterscheiden Sie sich?
- ❑ Welche Vorteile haben Sie gegenüber dem Wettbewerb?
- ❑ Warum sollte der Kunde ausgerechnet Sie kaufen?
- ❑ Wo und wer ist Ihre Zielgruppe?
- ❑ Wie sprechen Sie Ihre Zielgruppe am wirkungsvollsten an?

Ihre Arbeitsleistung und Ihre Persönlichkeit sind das Produkt, das Sie Ihrem potenziellen neuen Arbeitgeber anbieten werden. Je mehr Sie von diesem Produkt wissen und je besser Sie es beschreiben können, desto leichter wird es Ihnen fallen, sich auf dem Markt zu behaupten.

Es könnte durchaus sein, dass Ihnen auf die Frage „Wer sind Sie?" zuerst einfällt, wer Sie nicht sind. Das ist auch für freche Frauen nicht ungewöhnlich. Schreiben Sie einfach zuerst auf, wer Sie nicht sind.

Nehmen Sie sich ein Blatt Papier und einen Stift und machen Sie mit sich ein Brainstorming. Das heißt, Sie schreiben 10 Minuten lang alles auf, was Ihnen durch den Kopf geht, während Sie versuchen, diese Frage zu beantworten. Denken Sie nicht groß darüber nach, was Sie schreiben, sondern schreiben Sie aus dem Bauch heraus spontan alles auf, was Ihnen einfällt – egal, ob es Ihnen gefällt oder nicht.

Widersprüche sind erlaubt

Da können Eigenschaften stehen wie: freundlich, hilfsbereit, faul, zickig, fröhlich, humorvoll, perfektionistisch, gutmütig, ehrgeizig, introvertiert, aggressiv, engagiert, analytisch etc. Es ist unerheblich, ob sich die einzelnen Begriffe widersprechen oder nicht. Menschen sind nicht nur so oder so. Wir Menschen sind voller Widersprüche – sonst hätten wir keine Konflikte mit uns selbst. Diese gesammelten Eigenschaftswörter sind für sich betrachtet immer nur ein winziges Steinchen im Mosaik unserer Persönlichkeit. Das Gesamtbild entsteht durch harte Arbeit und durch Distanz zu sich selbst.
Hier als Hilfestellung eine Liste von Fragen. Bevor Sie antworten, nehmen Sie sich ausreichend Zeit zum Nachdenken, um so konkret und präzise zu formulieren.

Checkliste

- ❑ Welcher Beruf schien Ihnen als Kind erstrebenswert und aus welchen Gründen?
- ❑ Wie genau sah das Bild aus, das Sie damals von sich hatten?
- ❑ Was hat Sie daran gehindert, diesen Beruf zu ergreifen?
- ❑ Wie erscheint es Ihnen aus heutiger Sicht?
- ❑ Wo liegen ihre sportlichen/analytischen/künstlerischen/ zwischenmenschlichen Fähigkeiten und Eigenschaften?
- ❑ Sind Sie introvertiert (zurückhaltend) oder eher extravertiert (spontan)?

- ❑ Wie gehen Sie mit Problemen um?
- ❑ Sind Sie eher intuitiv oder intellektuell gepolt?
- ❑ Wie wichtig ist Ihnen Verantwortung für die Sache/für die Mitarbeiter?

Beschreiben Sie jede dieser Fähigkeiten und Eigenschaften anhand einer konkreten Situation und gehen Sie bei dieser Arbeit sehr gründlich vor. Sie können die verschiedenen Jobs Ihres Lebenslaufs durchforsten oder andere nach dem Bild befragen, das sie von Ihnen gewonnen haben. Wenn Sie sich mit Ihrer Familie, mit Freunden oder Kollegen austauschen, halten Sie die Ergebnisse auf jeden Fall schriftlich fest, in etwa so:

Gesagt von	**Situation**	**Fähigkeit/ Eigenschaft**
selbst	Gestern fand ich ein Portemonnaie, das 500 Euro enthielt. Ich konnte nicht mehr feststellen, wer es verloren hat, und habe es gleich bei der nächsten Polizeidienststelle abgegeben.	Ich bin ehrlich. Ich bin umsetzungsstark.

z. B.

Sabine (Kollegin)	Als mein Computer dauernd abstürtzte und mir die eingegebenen Daten verloren gingen, hast du mir am nächsten Tag beim Eingeben geholfen, obwohl du viel zu tun hattest.	Du bist hilfsbereit. Du verhältst Dich kollegial. Du bist belastbar.
Mutter	Schon als kleines Kind warst du immer zornig, wenn du etwas nicht bekommen hast. Du hast dich im Supermarkt auf den Boden gelegt und bist erst aufgestanden, als ich dir den Lutscher gekauft habe.	Du bist jähzornig. Du bist stur. Du weißt, was du willst.

Berater und Tests: Stellen Sie das Bild scharf!

Wenn Ihnen das Bild, das Sie Steinchen für Steinchen zusammentragen, immer noch unscharf erscheint, kaufen Sie sich eine Brille im übertragenen Sinne, indem Sie sich Unterstützung holen – bei einer guten (neidfreien!) Freundin, einem Menschen Ihres Vertrauens, einem professionellen Karriereberater oder Coach (dazu mehr in den Kapiteln 2 und 4).
Persönlichkeitstests oder Potenzialanalysen sind eine weitere Möglichkeit, um einen objektiven Eindruck Ihrer Fähigkeiten zu bekommen. Jedoch sind Tests immer nur so gut wie die

Menschen, die sie entwickelt haben. Es gibt Massen davon auf dem Markt und man sollte wirklich gut recherchieren, wofür es sich lohnt, Geld auszugeben. Die Bandbreite der Kosten ist riesig und nicht immer ist teuer gleich gut. Vernünftige und preiswerte Tests sind unter anderem über die Surftipps auf meiner Homepage www.cnconsult.de zu finden.

MBTI

Der Myers-Briggs-Type-Indicator, kurz MBTI genannt, ist bestimmt hilfreich, doch reichen die Fragen auch ins Privatleben. Und eine extravertierte Sekretärin kann im Privatleben durchaus zurückgezogen sein, so dass sich das private Verhalten sehr stark von der „Berufspersönlichkeit" unterscheidet. Hilfreich ist der MBTI, um das Verhalten seines Gegenübers im Vorstellungsgespräch besser einschätzen zu können.

DISG

Das DISG® Persönlichkeitsprofil können Sie selbst erstellen, wenn Sie sich dazu ein Büchlein im Buchhandel kaufen. Sie können dadurch Ihre Stärken und Schwächen kennen lernen.

Die Persönlichkeitsanalyse des Eneagramms ordnet Sie einem von neun verschiedenen Persönlichkeitstypen zu und soll Sie zu mehr Selbsterkenntnis bringen.

TMS

Eine der seriösesten Testreihen, die ich kenne, ist das Team-Management-System®, denn es ist wissenschaftlich absolut stichhaltig und hat eine Treffsicherheit von 90%. Es lassen sich neben den Persönlichkeitsfaktoren wie extravertiert, strukturiert, flexibel etc. auch die persönlichen Vorlieben bei der beruflichen Schwerpunktsetzung ermitteln. Eine weitere Testdimension ist, ob in Problemen oder Lösungen gedacht wird. Ich benutze dieses Profil sehr gerne, wenn es darauf ankommt, ob der Bewerber für eine Stelle wirklich geeignet ist und den Anforderungen gerecht werden wird. Im Coaching setze ich es gerne bei Karriereschritten ein, denn bei beruflicher Veränderung sind die Tests ein guter Wegweiser, um den nächsten Wegabschnitt zu planen. Denn: Nur wenn Sie Spaß an Ihrer Arbeit haben, werden Sie langfristig auch gut darin sein. Frei nach dem Motto: „Machen Sie doch, was Sie wollen!"

Jeder seriöse Persönlichkeits- oder Eignungstest sollte durch einen qualifizierten Berater oder beim Testinstitut akkreditierten Trainer erläutert werden, um Missverständnissen oder Fehlinterpretationen vorzubeugen. Bei Persönlichkeitstests sollten Sie darauf achten, dass sie sich nur auf die berufliche Sphäre beschränken, denn sonst sind sie bei uns juristisch verboten. In jedem Fall haben Sie Anspruch auf die Testergebnisse und ein Auswertungsgespräch!

Was spricht man über Sie?

Freunde und Bekannte kennen einen oftmals ganz gut. Doch weil sie gerne mit uns befreundet sind und uns gerne mögen, werden sie uns selten direkt ins Gesicht sagen, was sie wirklich von uns halten. Sie werden es so wohlwollend verpacken, dass wir in keiner Weise verletzt werden und es ihnen krumm nehmen könnten. Dadurch besteht die Gefahr, dass diese Form des Feedbacks unbemerkt an uns vorübergeht.

Wenn Sie also an der „harten Wahrheit" interessiert sind, dann erstellen Sie doch eine Liste, auf der Sie die Eigenschaften notieren, die Sie an sich selbst feststellen, und lassen Sie noch ein paar Punkte offen, die ergänzt werden können.
Diese Liste besteht überwiegend aus Eigenschaftswörtern (Adjektive), die untereinander auf ein Blatt Papier geschrieben werden, zum Beispiel mutig, vorsichtig, ehrlich, treu, zuverlässig etc. Sie sollten mindestens 40 Eigenschaften auflisten. Dann erstellen Sie eine Skala, auf der Folgendes angekreuzt werden kann: +2 = trifft voll auf mich zu, +1 = trifft weniger auf mich zu, -2 = trifft überhaupt nicht auf mich zu, -1 = trifft manchmal auf mich zu. Auf die berühmte Null, also das bequeme „Ich kann mich nicht entscheiden", verzichten wir ganz bewusst, denn Sie wollen ja wissen, wie andere Sie sehen. Eine Liste kann so aussehen:

Eigenschaft	+2 trifft voll zu	+1 trifft weniger zu	-1 trifft manchmal zu	-2 trifft gar nicht zu
intelligent				
zuverlässig				
freundlich				
hilfsbereit				
zickig				
teamfähig				
führungsstark				
kommunikativ				
lösungsorientiert				
fair				
gewissenhaft				
vernetzt				
entscheidungsfreudig				
individuell				
sympathisch				
umsetzungsstark				
harmoniebedürftig				
aggressiv				
gut informiert				
intrigant				

Eigenschaft	+2 trifft voll zu	+1 trifft weniger zu	-1 trifft manch-mal zu	-2 trifft gar nicht zu
clever/ schlau				
strategisch				
mutig				
schnell				
gemütlich				
umsichtig				
kraftvoll				
humorvoll				
intellektuell				
praktisch				
organisiert				
chaotisch				
strukturiert				
flexibel				
konzentriert				
wählerisch				
aufgeschlossen				
kalkulierend				
introvertiert				
balanciert				
zärtlich				
fürsorglich				
knallhart				

Kopieren Sie diese Liste, so oft Sie wollen. Verteilen Sie die Kopien an Ihre Freunde mit der Bitte, die Liste auszufüllen und Ihnen danach zurückzugeben. Behalten Sie das Original und eine weitere Kopie für sich. Das Original füllen Sie für sich selbst mit Kugelschreiber (!) aus – nicht mit Bleistift, oder haben Sie es nötig, eventuell zu mogeln? Wenn Sie alle verteilten Kopien ausgefüllt zurückbekommen haben, dann addieren Sie die jeweilige Anzahl der angekreuzten Felder aller Listen und tragen sie auf der zurückbehaltenen Kopie ein. So bekommen Sie eine Zusammenfassung aller Listen und erkennen schnell die Gewichtung Ihrer Eigenschaften. Zum Schluss vergleichen Sie Ihre persönliche Liste mit der addierten Zusammenfassung.

❑ Wo sind die meisten Übereinstimmungen?
❑ Wo die wenigsten?

Je ähnlicher Ihre Liste der Zusammenfassung ist, desto klarer wird sich das Mosaikbild Ihrer Eigenschaften darstellen. Wenn Sie größere Unterschiede feststellen, dann ist es Zeit für bezahlte Freunde wie Trainer und Coachs.

Bezahlte Freunde

Unter bezahlten Freunden verstehe ich Berater und Coachs, die Ihnen helfen, sich und Ihre Möglichkeiten klarer zu sehen. Ein Personalberater kann Ihnen erklären, warum Sie für die angestrebte Position wenig geeignet sind und welche Kompetenzen Ihnen fehlen, damit Sie sich diese aneignen können. Ein Coach kann Ihnen sagen, wie weit die Realität (wer Sie sind und in welchem Umfeld Sie leben) und Ihr Wunschdenken (wer Sie gerne sein möchten und wie Sie sich die Zukunft vorstellen) voneinander entfernt sind. Im Coaching lernen Sie zu entscheiden, welche Zukunftsvarianten im Rahmen Ihrer Möglichkeiten (also Ihres Potenzials) liegen und welche Schritte notwendig sind, um diese Zukunft zu Ihrem Jetzt zu machen. Klingt kompliziert? Ist es aber nicht, wenn Ihr Coach Sie gut begleitet. Mehr zu diesem Thema finden Sie im Kapitel 2, Abschnitt „Was brauchen Sie?“

Auffallend gut

Man sagt, dass Exzellenz – wenn man etwas auffallend gut kann – voraussetzt, dass man im Einklang ist mit den eigenen Erwartungen (siehe Kapitel 2), den eigenen Fähigkeiten und dem eigenen Potenzial (siehe Kapitel 1). Wenn Sie dann noch die Anforderungen anderer (siehe Kapitel 2) mit unter diesen Hut bekommen, steht einem erfolgreichen Karriereschritt kaum noch etwas im Wege.

Welches ist Ihr Potenzial?

Copyright: Gutsch-Verlag, Berlin

Potenz kommt von dem Wort potent – und wir frechen Frauen wissen, wie sich Männer fühlen, wenn sie nicht potent sind. In übertragenem Sinne sollten wir Frauen uns endlich einmal unserer Potenz bewusst werden und diese strategisch und weiblich einsetzen. Wenn wir unser eigenes kraftvolles Potenzial leben, haben wir es nicht mehr nötig, Männern ihre Macht streitig zu machen und sie in die berufliche Impotenz zu jagen, sondern können als gleichberechtigte Partner nebeneinander existieren und miteinander auskommen. Und das, meine Damen, ist schon ein gewaltiger Fortschritt!

Bremser und Antreiber

Wenn wir als kleines Mädchen zur Welt kommen, gehört uns die ganze Welt. Wir sind der Sonnenschein unserer Eltern und sind perfekt, so wie wir sind. Wie eine große leuchtende Sonne müssen wir uns das vorstellen. Doch dann kommen wir in den Kindergarten und die anderen sagen zu uns: „Du gehörst nicht dazu." Später in der Schule reduzieren wir unsere Leistung, nur um nicht als Streberin abgestempelt zu werden, oder ein überforderter Lehrer sagt: „Das lernst du nie." Und beim Einschreiben an der Uni zum Fach Hoch- und Tiefbau haben wir die Stimme unseres Vaters im Ohr, der in bester Absicht tönt: „Kind, das ist nichts für Frauen!"

„Let the sunshine in!"

Und jedes Mal bricht ein Stück unserer Sonne ab, jedes Mal verliert sie ein bisschen von ihrer Strahlkraft. Übrig bleibt ein ganz kleines, mattes Sönnchen, das müde vor sich hinblinzelt. Ihm kann wieder zu vollem Glanz verholfen werden, indem wir die unnötigen Bremser in hilfreiche Antreiber verwandeln. Lassen Sie uns den Müll der Missverständnisse und Fehleinschätzungen entsorgen, unsere eigenen und die daraus resultierende Meinungen unserer Umwelt revidieren. Und das geht so:

Ein Bremser ist so etwas wie der Satz „Das kannst du nicht" oder „Das ist nichts für dich". Schon mal in Ihrem Kopf gehört? Sind Sie der Meinung, dass dieser Satz wirklich wahr ist, oder handelt es sich hier um ein Relikt aus alten Kindergarten-Zeiten? Hören und spüren Sie aufmerksam in sich hinein. Lernen Sie die Akteure in Ihrem Kopftheater kennen – diejenigen, die Sie bremsen, und diejenigen, die Ihnen sagen, wie Sie weiterhin so funktionieren, wie Mami, Papi und die Umwelt es von Ihnen erwarten.
Geben Sie sich eine Minute Zeit, um sich klar zu machen, dass Sie die Regisseurin in Ihrem Kopftheater sind. Es steht in Ihrer Macht, diesem Bremser oder Antreiber die Rolle zu geben, die ihm zusteht. Sie können ihn ein für alle Mal aus der Besetzungsliste streichen oder in einen positiven Antreiber verwandeln wie: „Ich werde es versuchen" oder „Ich werde es herausfinden". Wenn es nicht auf Anhieb klappt, bleiben Sie dran – es lohnt sich bestimmt!

z.B.

Hier einige Beispiele:

Bremser	**Antreiber**
Ich gehöre nicht dazu.	Ich bin dabei.
Keiner mag mich.	Wer mag mich?
Ich muss allen alles recht machen.	Ich darf mit mir zufrieden sein.
Ich bin nicht perfekt.	Auch ich darf Fehler machen.

Bedenken Sie, dass Ihnen das „alte" Kopftheater früher gute Dienste erwiesen hat. Sie haben dadurch wirkungsvolle Überlebensstrategien entwickelt. Denn ein Kind, das nicht dazugehört, wird sich überlegen, wie es trotzdem teilnehmen kann. Jagen Sie die „alten" Akteure nicht einfach fort, sondern entlassen Sie sie mit Dankbarkeit aus Ihren Diensten. Das neue Theaterprogramm muss erst einmal geprobt werden, bis es sitzt. Das kann am Anfang anstrengend sein und Sie werden vielleicht ab und zu aus Versehen noch die alte Inszenierung wählen. Doch Ihr tägliches Üben wird belohnt – durch den künftig ausgebuchten Blockbuster „The good life - Mein glückliches Leben"!

Was gehört alles zum Potenzial?

Zu unserem Potenzial gehören unsere beruflichen sowie persönlichen Fähigkeiten und Kenntnisse. Das, was wir gelernt haben, und das, was man als Talent bezeichnet, also Kompetenz, Expertentum, und das, was wir gerne tun. Unser Aussehen und unsere Gefühle gehören ebenfalls dazu, wie auch Energie, Intelligenz und Persönlichkeit.

Gehen Sie auf Entdeckungsreise zu sich selbst

Die innere und äußere Haltung gegenüber den Dingen, die uns das Leben im Lauf der Zeit so präsentiert hat, sind auch ein Teil davon. Ob wir eher das Positive oder eher das Negative sehen und wie wir es bewerten. Was wir aus unseren Möglichkeiten und Vorlieben machen, wie wir mit unseren Schwächen umgehen, welche Bedeutung wir menschlichen Grundwerten geben und ob wir Herzensbildung haben oder nicht. Vor allem aber gehört dazu das, wo wir nicht hinsehen – unsere so genannten „blinden Flecken", die weißen Gebiete unserer inneren Landkarte. Hier schlummern Möglichkeiten, von denen wir oftmals gar nicht wissen, dass es sie gibt. Doch wie kommen wir an sie heran? Wie lassen sie sich erkunden?

Sich auf unbekanntes Terrain wagen

Hilfreich ist es, neben unserer eigenen Meinung auch die Meinung anderer einzuholen, denn bei uns selbst sind wir stets subjektiv. Wir sind einfach so nah dran, dass wir nur Teilausschnitte sehen können. Um das große Ganze – und vielleicht das, was dahinter steckt – zu sehen, braucht es einen Abstand, zu dem wir allein nicht in der Lage sind. Sie kennen den Spruch „Man sieht den Wald vor lauter Bäumen nicht". Und deshalb sollten Sie so viele Meinungen über sich selbst einholen wie irgend möglich. Dabei müssen Sie bitte immer berücksichtigen, dass jeder, den Sie um seine Meinung bitten, auch wirklich seine eigene Meinung kundtut. Wie er die Dinge hört, sieht und empfindet, spiegelt sich immer in seiner Meinung wider. Ob er eher auf Fehlendes als auf Vorhandenes blickt, wie dieser Mensch Ihre Äußerungen interpretiert, welche Maßstäbe er anlegt und auf welchen Erfahrungsschatz er in seinem Leben zurückgreift. All das sind die Filter, durch die wir wahrnehmen – ob visuell, durch das Hören oder rein gefühlsmäßig. Deshalb kann das, was die anderen über uns sagen, selten die absolute Wahrheit sein.

z.B

Ein Beispiel aus meiner eigenen Geschichte: Ich war auf einer Veranstaltung und unterhielt mich mit einigen Leuten. Dabei fiel mir eine Dame auf, die mir auf Anhieb höchst unsympathisch war. Dieses Gefühl war so vehement, dass ich mich vor einem Kontakt mit ihr erfolgreich drückte. Auf dem Weg nach Hause dachte ich darüber nach, wie es sein kann, dass ich eine mir gänzlich unbekannte Person, mit der ich zudem noch kein Wort gesprochen hatte, in die Kiste „Mag ich überhaupt nicht" versenke. Es war nichts, was sie gesagt hatte. Doch als ich ihr Äußeres vor meinem inneren Auge Revue passieren ließ, wurde es mir bewusst: Sie hatte die gleiche Warze an der Unterseite ihrer Nase (da wo es aussieht wie ein Nasentropfen) wie meine Tante Marta – der wohlmeinende Schrecken meiner Kindheit. Meine Tante Marta hatte die Angewohnheit, bei jedem ihrer – zum Glück seltenen Besuche – festzustellen, dass „dieses Kind ja schon wieder dicker" geworden sei. Und was das für ein unglücklich-rundliches kleines Mädchen bedeutet, brauche ich Ihnen bestimmt nicht zu erklären!

Nicht jeder Schuh passt Ihnen!

Diese Geschichte soll Ihnen verdeutlichen, wie leicht wir uns von unseren eigenen Geschichten beeinflussen lassen, wenn es um unsere Meinung über andere geht. Achten Sie auf dieses menschliche Phänomen, wenn Sie Meinungen über sich einholen, und ziehen Sie sich nicht jeden Schuh an, der Ihnen hingestellt wird. Sondern prüfen Sie kritisch, welcher Ihnen davon wirklich passt. Dabei ist es erst einmal egal, ob er Ihnen gefällt oder nicht. Wenn er Ihnen gefällt, dann ist es wahrscheinlich etwas Angenehmes. Und wenn dem nicht so ist, könnte es sein, dass Sie dadurch, dass Sie sich mit dem Unbequemen auseinander setzen, manch spannende Erkenntnis über sich gewinnen. Und da liegt die Chance, Veränderung einzuläuten!

Stärken und Schwächen gehören zusammen!

Ist das Glas halb voll oder halb leer?

Wenn ich im Coaching meine Klienten nach ihren Stärken frage, dann fallen ihnen meist spontan zuerst die Dinge ein, die sie nicht können. Ebenso verhält es sich, wenn ich sie frage, was sie wollen. Vor allem Frauen fällt dann ganz schnell viel von dem ein, was sie nicht wollen. Wir beginnen dann eben mit dem, was als Erstes betrachtet werden will. So ist es auch mit den geliebten Stärken und den ungeliebten Schwächen.

Jede von uns hat Stärken und Schwächen – positive und negative. Es gibt Menschen, die schauen auf das Positive zuerst. Das sind diejenigen, deren Glas immer halb voll ist. Die dem positiven Denken mehr abgewinnen als dem halb leeren Glas und dem Betrachten des Negativen. Doch um ein ausgewogenes, ganzes Bild zu gewinnen, braucht es beide Sichtweisen, denn ohne das vermeintlich Negative werden wir das vermeintlich Positive nicht sehen. Und: Es ist nicht alles Gold, was glänzt.

Immer wieder kommen Menschen zu mir, die mich bitten, ihnen beim „Ausmerzen ihrer Schwächen“ zu helfen. Ein besonders herausfordernder Auftrag, meinen Sie? Ja, solche Aufträge würden mich bestimmt bis ans Ende meiner Tage beschäftigen. Doch ein Erfolgserlebnis hätten weder meine Klienten noch ich dabei. Schwächen kann man leider nicht so einfach loswerden. Es ist so wie mit dem Unkrautjäten in Ihrem Garten. Wenn Sie am Ende angekommen sind, könnten Sie gleich wieder von vorne anfangen, weil das Unkraut schon wieder nachgewachsen ist. Wenn

Unkraut und Blumen

Sie aber mehr Blumen pflanzen – sprich Stärken entwickeln –, wird das Unkraut weniger sichtbar sein. Wenn Sie das Unkraut dann noch auf seine Nützlichkeit hin überprüfen – zum Beispiel

Klee als Bienennahrung, Brennnessel als Anzeiger für nährstoffreichen Boden etc. –, wird es Sie weniger stören, weil Sie die positiven Aspekte sehen. „Unkraut nennt man die Pflanzen, deren Vorzüge noch nicht erkannt worden sind", sagt der amerikanische Philosoph Ralph Waldo Emerson. Und so verhält es auch mit unseren Schwächen.
Wenn wir etwas ungern tun, werden wir darin selten große Exzellenz erreichen. Weil wir es wirklich nicht können, es einfach nicht lernen wollen, es uns langweilt oder weil wir aus anderen Gründen keine Motivation dafür haben. Daran ist weder etwas Gutes noch etwas Schlechtes. Es ist einfach so, wie es ist, und wir tun gut daran, unsere Schwächen entweder zu akzeptieren oder aber sie auf verborgene Stärken hin abzuklopfen. Wie man das macht?

Nehmen Sie 10 Blätter und einen Stift zur Hand und schreiben Sie pro Blatt eine der folgenden zehn Fragen nieder:

1. Warum sind andere gerne mit mir zusammen?
2. Was kann ich besonders gut?
3. Wo reagiere ich anders, als ich möchte?
4. Was mache ich besonders gerne?
5. Wofür werde ich gelobt?
6. Worauf bin ich stolz?
7. Wofür habe ich kein Händchen?
8. Worum beneiden mich andere?
9. Wovor habe ich Angst?
10. Welches sind meine Träume?

Nehmen Sie sich so viel Zeit, wie Sie brauchen, um diese Fragen zu beantworten. Sie können die Blätter auch immer wieder zur Hand nehmen und ergänzen. Es wird Sie erstaunen, wie viel Dinge Ihnen peu à peu zu diesen Fragen einfallen, und Stück für Stück gewinnen Sie einen Einblick in Ihr Potenzial.

Die einzelnen Antworten helfen Ihnen, mindestens fünf Beispiele zu folgenden drei Fragen zu finden:

1. Was ich wirklich gerne tue, ist …
2. Andere sagen, ich kann gut …
3. Was ich besonders gut kann, ist …

Die Frage Nr. 1 zielt auf Ihre Präferenz. Das ist etwas, das Sie mit Vorliebe und oftmals mit Begeisterung tun. Und weil es Ihnen Freude macht, liegt der Verdacht nahe, dass Sie darin auch ziemlich gut sind. Dieser Lustfaktor ist etwas Naturgegebenes und ändert sich im Berufsleben nur in etwa 35% der Fälle.

Eine Frau, die ihren Traumberuf gefunden hat, ist Kirsten Joas. Sie ist Försterin im Glonner Revier und sagt: „Försterin werden war immer mein Traum – zu den grünen Berufen fühlte ich mich einfach hingezogen. Vielleicht hat das auch damit zu tun, dass ich aus einem Bauernhof mit Forstbesitz stamme. Nach einem guten Abitur schloss ich eine Lehre im Gartenbau ab. Danach studierte ich zwei Semester Biologie, doch das war mir zu theoretisch. Also ging ich an die Fachhochschule, um Forstwirtschaft zu studieren. Heute bin ich Diplomingenieurin Fachrichtung Forstwirtschaft und als Revierleiterin seit vier Jahren für den größten Waldbesitzer Mitteleuropas, den Bayerischen Staat, tätig. Die 42 Arbeitsstunden schrecken mich nicht, denn meine Arbeit macht mir Spaß.

Mir unterstehen vier Männer. Ein Forstwirtschaftsmeister und drei Forstwirte. Meine Mitarbeiter arbeiten gerne für eine Frau, weil sie einfach anders führt. Männer sind eher hierarchisch und strukturiert, wohingegen eine Frau eher hinterfragend und mittragend führt.

Wunschberuf: Försterin

Als Frau ist man in diesem Bereich schon eine Exotin und steht mehr im Rampenlicht. Die Erfolge ebenso wie die Fehler werden deutlich wahrgenommen. Ältere Kollegen und Vorgesetzte legen manchmal eine etwas gezwungene Jovialität an den Tag, doch mit dem anstehenden Generationswechsel wird sich das schon bald geben.

Als stellvertretende Gleichstellungsbeauftragte für den Bereich Südbayern der Bayerischen Staatsforstverwaltung engagiere ich mich dafür, dass mehr interessierte Frauen den Weg zu uns finden. Ich wünsche mir Kolleginnen, die ebenso wie ich ihren Wunschberuf ausüben wollen. Die ein gesundes Selbstbewusstsein mitbringen, den strategischen Unterschied in der Kommunikation zwischen Frauen- und Männersprache beherrschen und flexibel genug sind, um beides einzusetzen. Sie sollten in der Lage sein, im Team einen Konsens zu erreichen, Verantwortung zu übertragen und klare Ansagen zu artikulieren. Das alles sollten sie bewerkstelligen, ohne Männlichkeit zu kopieren.

Von der Gesellschaft und dem Staat wünsche ich mir mehr Möglichkeiten, Familie und Beruf unter einen Hut zu bringen. In der Ex-DDR war es vollkommen normal und üblich, dass Kinder in die Kinderkrippe gegeben wurden und beide Elternteile arbeiten gingen. Bei uns herrscht leider noch das über Generationen weitergereichte Bild der „Rabenmutter“ vor, die so egoistisch ist, Mutterschaft und berufliche Erfolge für sich in Anspruch zu nehmen. Niemand nimmt es alleinerziehenden Männern übel, dass sie arbeiten und ihre Kinder erziehen.

Zum Abschluss meine Bitte an alle Frauen: Weniger Jammern und mehr Einsatz beim Ruderherumreißen!“

Und das, liebe freche Frauen, sollte uns doch Mut machen, unsere (beruflichen) Träume zu verwirklichen und das zu tun, was uns echt anmacht!

Die Frage Nummer 2 bezieht sich auf Ihre Kompetenz. Das, worin andere in Ihnen die Expertin sehen. Das, worin Sie eine besondere Kenntnis oder Fertigkeit erlangt haben. Kompetenz bekommt man durch Studieren, Lesen oder Training. Kompetenz kann jedoch auch natürlich sein, dann bezeichnet man es als Talent oder Begabung. Wie zum Beispiel bei Mathematikgenies oder Sprachbegabten.
Die Frage Nummer 3 ist die knackigste von allen – und vor allem für Frauen, die sowieso anspruchsvoller oder (noch!) bescheidener sind als Männer, eine echte Herausforderung. Hier geht es um Ihre Stärken. Das, was Sie unverwechselbar macht, das, worin Sie andere überflügeln und wo man Ihnen kein X für ein U vormachen kann. Und hierzu, meine Damen, wie auch für die beiden vorherigen Fragen, finden Sie jetzt bitte fünf Beispiele!

Dreiklang mit Zwischentönen

Sie haben Ihre drei mal fünf Beispiele gefunden? Bravo, das war sicherlich ein hartes Stück Arbeit. Doch dafür haben Sie jetzt einen wunderbaren Dreiklang, denn:

1. Sie sind sich Ihrer eigenen Lustfaktoren (Präferenzen) bewusst und werden sie hoffentlich künftig berücksichtigen, damit das Glücksgefühl auch im Job seinen Platz hat.
2. Sie sind sich über Ihre Kompetenzen im Klaren und können sie gezielt weiterentwickeln, frei nach dem „Pflanze-Blumen-Prinzip“.
3. Sie erkennen Ihre ganz persönlichen Stärken und können sie, ohne groß zu überlegen, Ihren Vorgesetzten plausibel machen.

Als Sahnehäubchen obendrauf haben Sie sich mit Ihren Schwächen vielleicht ein bisschen angefreundet und festgestellt, dass sie ja so schlimm gar nicht sind.

Eine meiner Schwächen ist, dass ich mir nicht alles merken kann oder will. Daraus habe ich eine Stärke entwickelt, die mir die leidige Merkarbeit abnimmt. Mein PC ist einfach spitzenmäßig organisiert, meine virtuelle Ablage logisch strukturiert, der elektronische Terminkalender erinnert mich automatisch auch an Geburtstage, Aufgaben und Abgabetermine. Meine Wiedervorlage-Mappe lässt mich (fast) alles wieder finden und man meint, ich sei supertoll organisiert.

z.B.

Checkliste: Sehen Sie sich Ihre Schwächen einmal dahingehend an

1. Was können Sie durch Ihre Schwäche vermeiden?
2. Wobei nützt Ihnen Ihre Schwäche?
3. Wo kann Ihre Schwäche gefährlich sein – für Sie und andere?
4. Worauf müssen Sie achten?
5. Welches sind die nächsten Schritte?

Eine vermeintliche Schwäche kann Sie zum Beispiel daran hindern, eine gute Präsentation zu halten, weil Sie glauben, zu versagen. Dadurch werden Sie selten im Rampenlicht stehen und die Gefahr besteht, dass man Sie bei Beförderungen einfach übersieht, denn Leistung allein wird selten bemerkt. Sie müssen also darauf achten, dass Sie positiv bemerkt werden – also auf eine Weise auffallen, die Ihrer Persönlichkeit entspricht. Ihre nächsten Schritte könnten sein, sich mit Ihrer Versagensangst zu konfrontieren – am besten mit einem Coach – oder ein Präsentationstraining mit Videoaufzeichnung zu absolvieren, das Ihnen einen objektiveren Eindruck von Ihren Fähigkeiten gibt. Oder Sie entwickeln Ihre ganz persönliche Art, sich positiv bemerkbar zu machen.

Die Zwischentöne für Ihren ganz persönlichen Dreiklang heißen Achtsamkeit und Risikofreude. Sie mögen sich auf den ersten Blick widersprechen, sind jedoch ein gutes Team, um Sie in der Balance zu halten.

Achtsamkeit

Achtsamkeit brauchen Sie, um Ihr gesamtes Potenzial auszuloten. Um in sich hinein zu spüren, ob das, was Sie empfinden, wirklich Ihres ist oder die Vorstellung eines Ihrer Antreiber oder Bremser. Achtsam sollten Sie auch sein beim Einsatz Ihres Potenzials, bei der Dosierung Ihrer Stärken und Ihrer gesamten Power – denn nicht alle sind so stark wie Sie. Erinnern Sie sich an die Fisherman's-Friend-Werbung „Bin ich zu stark, bist du zu schwach"? Diese Haltung können Sie in Bewerbungssituationen leider nur selten zeigen.

Risikofreude

Die Risikofreude hingegen beflügelt Sie, auch einmal Neues auszuprobieren. Etwas von dem zu zeigen, von dem Sie bisher geglaubt haben, es mache Sie verletzlich oder Sie würden dadurch an Image verlieren. Risiko ist immer dabei, wenn man den Mut zum Auffallen hat, und ein Risiko ist es bestimmt, frech zu sein. Doch wie heißt es so schön: „No risk no fun!"

Bevor Sie Ihrer Risikofreude freie Bahn geben, spielen Sie mental vorher durch, was im schlimmsten Fall passieren könnte. Und wenn Sie damit gut leben können und andere dabei nicht wirklich zu Schaden kommen: Dann, ja dann – nichts wie rein ins Vergnügen!

Persönlichkeit und Charakter

Unternehmen legen inzwischen wieder gesteigerten Wert auf die Persönlichkeit der potenziellen Mitarbeiter. Sie wollen sicherstellen, dass sich der Aufwand der Einarbeitung lohnt und Ihnen die neu qualifizierte Arbeitskraft auch lange erhalten bleibt. Wichtig ist, dass sich die Neue ohne große Reibungsverluste in das bestehende Gefüge aus Kollegen, Mitarbeitern, Hierarchiestufen und Arbeitsprozessen einbinden lässt.

Authentizität ist wichtig!

Viele Personalberater erzählen davon, dass ihre Kunden nicht mehr die bestqualifizierten Kandidaten einstellen, sondern eher jemand mit Charakter. Was genau ist gemeint? Es soll jemand sein mit authentischer Persönlichkeit. Was ist darunter nun zu verstehen? Authentizität übersetzt man mit Echtheit, Glaubwürdigkeit, Zuverlässigkeit – also echte alte Tugenden. In unserer von Medien, Propaganda und Manipulation dominierten Zeit ist es interessant zu sehen, dass das Pendel offensichtlich vom „Mehr Schein als Sein"-Selbstdarsteller hin zum echten, ehrlichen Menschen schwingt. Der Frankfurter Soziologieprofessor Rolf Haubl sagte in einem Interview mit der *Wirtschaftswoche* (Nr. 7, 5.2.2004, S. 87), dass Unternehmen klar wird, dass durch angepasste Jasager Kreativität verloren geht und der Keim der Innovation letztlich im Inkonventionellen stecke. Nun, meine frechen Frauen, das hört sich ja so an, als wäre unsere Zeit endlich gekommen!

Mit extra auf das Unternehmen zugeschnittenen Fragebogen, Interviews, Rollenspielen und Persönlichkeitstests versuchen Unternehmen wie Adidas-Salomon, die Stellen in den ersten drei Führungsebenen zu besetzen, was sehr gut funktionieren soll.

Integrität

Integrität ist ein großer Pluspunkt für Bewerberinnen. Es heißt nichts anderes, als dass Sie, wenn Sie X sagen, auch X tun. Also ganz einfach? Nun, manchmal ist es schon hart, integer zu sein, doch auch hier gibt es Tests, die diesen Level relativ exakt messen. Die Unternehmen bekommen daraus eine relativ sichere Vorhersage, ob die Mitarbeiterin die Firma beklauen, sabotieren oder ausspionieren will. Gleichzeitig lassen sich Verträglichkeit, seelische Stabilität und Gewissenhaftigkeit darstellen, für den erfolgreichen Berufsweg ein unverzichtbares Trio!

The big five

In der Psychologie bezeichnet man den Charakter eines Menschen als Summe seiner Persönlichkeitsmerkmale und der daraus resultierenden ständigen Verhaltensweisen. Aus den „big five" lassen sich bestimmte Verhaltensmuster und Eigenschaften der Mitarbeiterin ablesen.

1. Emotionale Ansprechbarkeit beinhaltet:
   - Ängstlichkeit: Wie robust ist die Arbeitnehmerin, wenn sie irritiert wird?
   - Reizbarkeit: Wie ausgeglichen verhält sich jemand, wenn Stress auftritt?
   - Depression: Wie geht diese Person mit Fehlschlägen um?
   - Befangenheit: Wie gut kann sich die Mitarbeiterin bei Unangenehmem distanzieren?
   - Impulsivität: Wie spontan reagiert der Mensch?
   - Verletzlichkeit: Handelt es sich hier um ein Mimöschen oder eine Rose, die sich schützen kann?
2. Extraversion bezieht sich auf:
   - Herzlichkeit: Im Arbeitsleben eine unverzichtbare Gratwanderung
   - Geselligkeit: Betriebsnudel oder smarte Salonlöwin?
   - Durchsetzungsfähigkeit: Nicht nur für Frauen ein absolutes Muss!
   - Aktivität: Heinrich von Pierer, der frühere Siemens-Lenker, soll gesagt haben: „Mitarbeiter müssen Eigeninitiative zeigen, auch und ganz besonders in ihrer Freizeit."
   - Erlebnishunger: Wie viel Motivation braucht der Mitarbeiter?
   - Frohsinn: Frau Sonnenschein in der Abteilung hebt die Produktivität!
3. Offenheit für Erfahrungen bedeutet:
   - Fantasie: Denken außerhalb der Norm
   - Ästhetik: Sinn für Gestaltung – und wenn es „nur" Geschäftsbriefe sind
   - Gefühle: Zulassen und im Arbeitsleben wohl dosiert einsetzen!
   - Handlungen: Das A und O für wahren Erfolg.
   - Ideen: Ohne Innovationen geht gar nichts!
   - Werte und Normen: Werden (zum Glück!) wieder zunehmend wichtiger.

4. Verträglichkeit im beruflichen Umfeld heißt:
   - Vertrauen in andere, in sich selbst und die eigenen Fähigkeiten
   - Freimütigkeit statt neurotischem Rumgedruckse
   - Altruismus im Gegensatz zu ungezügeltem Egoismus
   - Entgegenkommen hilft nicht nur dem anderen.
   - Bescheidenheit statt mehr Schein als Sein
   - Gutherzigkeit lässt einmal fünf gerade sein.
5. Gewissenhaftigkeit liegt im Trend, denn daraus leiten sich ab:
   - Kompetenz
   - Ordnungsliebe
   - Pflichtbewusstsein
   - Leistungsstreben
   - Selbstdisziplin
   - Besonnenheit

Wo liegt Ihr Fokus?

Wenn Sie sich nun noch ganz ehrlich zu Ihrer Einstellung gegenüber der Arbeit und dem Leben an sich befragen, kommen Sie Ihrem Potenzial noch etwas näher. Arbeiten Sie, um zu leben, oder leben Sie, um zu arbeiten? Beides hat etwas für sich und wir sollten die Letzteren nicht als Workaholics verdammen. Auch diejenigen, die arbeiten um zu leben, sind keine Luxusweibchen, sondern geben der Arbeit einfach eine andere Gewichtung in ihrem Leben. Wenn Sie die Anstrengungen der Mutterfreuden denen einer Karriere vorziehen, ist das vollkommen okay, denn Kinder kriegen und Kinder erziehen sind harte Arbeit. Neulich sagte eine ältere Dame: „Wir haben Küche, Kinder, Kirche eingetauscht in Karriere, Klamotten und Kerle."

Was wir aus unseren Möglichkeiten und Vorlieben machen, hängt davon ab, wie hoch unser Energiepegel ist. Wenn wir ein erfülltes Leben anstreben, werden wir ungleich mehr Energie zur Verfügung haben, als wenn wir die jammernde Position von „Ich würde ja gerne, aber …" einnehmen.

Wie aber kommen wir an das, was wir nicht sehen können oder wollen – unsere so genannten „blinden Flecken"? Lassen Sie sich einfach vom Leben überraschen und erlauben Sie Ihrer Intuition, Sie darauf aufmerksam zu machen.

Intuition – eine weibliche Stärke?

Uns Frauen wird nachgesagt, dass wir über eine Art sechsten Sinn verfügen, der Männern nicht so leicht zugänglich sei. Zwischenzeitlich hat die Gehirnforschung ganz seriös herausgefunden, dass wir im Solarplexus gehirnähnliche Zellen haben, die mit dem Kopfgehirn kommunizieren. Also ist auch bei den „herrlichen Männern" das Bauchgefühl vorhanden, und weil intuitives Management im Trend liegt, ist auch die Intuition salonfähig geworden.

Mit dem Verstand fühlen – mit dem Herzen denken?

Wenn wir also den strategischen Kopf mit dem intuitiven Bauch zusammenspannen, dann kommen wir zu einem Paradigmenwechsel, der unser bisheriges Denken und Handeln infrage stellen kann: nämlich mit dem Verstand zu fühlen und mit dem Herzen zu denken.

Bestimmt kennen Sie Situationen, wo eine spontane Eingebung oder Idee Sie zu geistigen Höhenflügen inspiriert hat? Als Sie Neuland betreten haben, ohne sich vorher hundertmal abzusichern, weil es sich einfach richtig anfühlte? Wo Sie ein Problem wälzten, und als Sie glaubten, dass Sie niemals eine Lösung dafür finden würden, just dann sprachen Sie mit jemand, der Ihnen die ersehnte Lösung präsentierte?

Intuition heißt nichts anderes, als ein inneres Wissen über Menschen, Entwicklungen und Dinge zu haben, ohne dass man rational sagen kann, wie dieses Wissen entstanden ist.

Intuition ist die Wahrnehmung von Impulsen

Es taucht auf als spontane Eingebung, die man plötzlich mit klarer Deutlichkeit wahrnimmt. Der oft bemühte Schweizer Psychologe C.G. Jung bezeichnet Intuition als Funktion, die Möglichkeiten und Inhalte wahrnimmt, die nicht offensichtlich sind. Die Wahrnehmung dieser Impulse kann auf verschiedenen Ebenen erfolgen:

- ❑ körperlich (als Ohrenklingeln, Magenschmerzen etc.)
- ❑ mental (als Geistesblitz oder Vision)
- ❑ emotional (als starke Zu- oder Abneigung)
- ❑ spirituell (wenn Sie das Gefühl haben, mit einer Kraft verbunden zu sein, die größer ist als Sie, zum Beispiel wenn Ihr Schutzengel Sie beim Autounfall beschützt hat)

Bereits in den 60er Jahren hat man das intuitive Entscheidungsverhalten von Managern getestet. Bei der Langzeitauswertung wurde festgestellt, dass diejenigen Manager, die nach fünf Jahren den Unternehmensgewinn verdoppelt hatten, überdurchschnittliche Werte aufwiesen. Intuition ist immer noch eine der wichtigsten Führungskompetenzen. In unserer schnelllebigen Zeit wird es immer wichtiger, mit intuitiven Fähigkeiten in bestimmten Situationen rasch zu reagieren.
Intuition ist wie ein Muskel, der trainiert werden kann.

Am besten fangen Sie mit den vorhandenen fünf Sinnen an, die wirklich jeder Mensch besitzt:

- ❑ Was sehe ich?
- ❑ Was höre ich?
- ❑ Was fühle/taste ich?
- ❑ Was rieche ich?
- ❑ Was schmecke ich?

Üben Sie in den verschiedensten Umgebungen – privat oder im Büro, allein oder mit Menschen, zu verschiedenen Tageszeiten, im Hellen und Dunkeln. Hören Sie, spüren Sie entspannt in sich hinein, damit das zarte Pflänzchen Intuition wachsen kann. Es wächst am besten in einem entspannten Zustand. Denn hier kann das Unbewusste leichter den Zugang zum Bewusstsein herstellen. Entspannungsübungen und Fantasiereisen sind hier hilfreich.

Checkliste: Situationen, in denen Sie Ihre Intuition besonders gut einsetzen können

- ❑ Wenn Sie zum Beispiel am Telefon oder im Vorstellungsgespräch unsicher sind. (Was spüre / fühle ich?)
- ❑ Wenn Sie unter verschiedenen möglichen Lösungen die optimale wählen müssen. (Wofür entscheide ich mich?)
- ❑ Wenn Sie über keine relevanten Erfahrungen zu einem Thema verfügen. (Wie verhalte ich mich in diesem Vorstellungsgespräch mit lauter Unbekannten?)
- ❑ Wenn Sie schnell entscheiden müssen (in Krisensituationen, wenn zum Nachdenken keine Zeit bleibt).

Falls Sie Zeit haben, nutzen Sie die Methode des „einmal darüber Schlafens“. Vergegenwärtigen Sie sich die Problematik oder Frage noch einmal besonders intensiv direkt vor dem Zubettgehen. Dadurch öffnen Sie die Kanäle des Unterbewussten für die Entwicklung einer Lösung. Das kann ein Traum sein, der die Lösung zeigt, oder morgens fällt Ihnen die Lösung ein.
Eine gute Darstellung des Verhältnisses von Unterbewusstsein und Bewusstsein ist das Bild eines Eisbergs. Die unter der Wasserlinie liegenden 90% stellen das Unterbewusste dar, also auch die Intuition, und die über der Wasserlinie sichtbaren 10% stellen das Bewusste, also die Ratio, dar. Die Kraft des Unterbewussten ist also ungleich stärker und deshalb fällt es uns viel leichter, unseren Wünschen und Sehnsüchten zu folgen, als uns mit dem Wenn und Aber unseres Gehirns oder der so genannten Vernunft herumzuschlagen.

Bedenken Sie, dass Ihr Gegenüber sehr wohl unbewusst wahrnimmt, was Sie von ihr/ihm halten und wie Sie sich fühlen – auch wenn Sie rational noch so sehr versuchen, es zu verbergen. Bei der Berufswahl oder der Suche nach einem neuen Job sollten Sie immer Ihre Intuition mit ins Boot holen. Geld und Status allein ersetzen die Befriedigung, die Sie nach einem guten Arbeitstag verspüren, nur sehr selten.

Charme und Charisma

Was wir unter weiblichem Charme verstehen, das ist uns Frauen hinreichend bekannt. Es geht doch darum, dass wir uns trauen, ihn einzusetzen, ohne dem Irrglauben zu folgen, damit eine Schleimspur zu legen. Dazwischen liegen Welten! Charme kann ein freundliches Lächeln sein, Charme kann auch sein, alle fünf gerade sein zu lassen. Charme drückt sich darin aus, berechtigte Kritik einmal wegzulassen und dafür Lösungen aufzuzeigen. Man kann auch ganz charmant seine eigenen Interessen vertreten, wie zum Beispiel Marlene, die neben ihrer Stärke Hartnäckigkeit auch ihren persönlichen Charme in die Waagschale warf.

z.B.

Als Marlenes Mann beruflich versetzt wurde, gab sie ihre Stelle als Kosmetikerin in einem renommierten Salon auf, um mit ihm zu gehen. Nachdem sie sich in der neuen Stadt eingelebt hatte, suchte Marlene eine neue Stelle. Sie war zwar gerne Kosmetikerin, fühlte sich aber reif für etwas Neues. In der Kosmetikbranche wollte sie jedoch gerne bleiben. Sie erkundigte sich über die Möglichkeiten an ihrem neuen Wohnort und hörte, dass ein Hersteller von Wellness-Produkten ansässig sei, allerdings gebe es keine offenen Stellen.

Da Marlene nicht genau wusste, als was sie sich bei dieser Firma bewerben wollte, entschloss sie sich zu folgendem Vorgehen: Sie rief in der Firma an und erfragte die Namen der Personaldirektorin und deren Sekretärin. Danach rief sie die Sekretärin an und erkundigte sich, ob die Personaldirektorin am nächsten Tag im Büro sei. Als die Sekretärin bejahte, machte sich Marlene am nächsten Tag hübsch zurecht und ging ohne Voranmeldung zu dieser Firma. Ihre Bewerbungsunterlagen nahm sie gleich mit.
Der Portier wollte sie erst ohne Termin nicht einlassen. Doch Marlene war unbeirrbar und charmant. Sie setzte sich schließlich durch – und die Eingangsschranke hob sich. Zielstrebig marschierte sie auf das Verwaltungsgebäude zu und fragte sich höflich, aber bestimmt zum Büro der Personaldirektorin durch. Der Sekretärin im Vorzimmer erklärte sie ihr Anliegen so überzeugend, dass diese sie bei der Personaldirektorin anmeldete und die Personaldirektorin sie wirklich empfing. Nach einem kurzen Gespräch wurde Marlene als Verkaufsassistentin für Badeprodukte eingestellt.
Als ich die Personaldirektorin fragte, was den Ausschlag für Marlene gegeben hatte, erfuhr ich Folgendes:
„Die Bewerberin hatte bereits Durchsetzungsvermögen und große Zielstrebigkeit bewiesen, indem sie es unangemeldet bis zu mir ins Büro schaffte. Das hat mir gefallen. Ihre positive Ausstrahlung und ihr Mut zu Neuem ebenso. Sie brachte ihre Bewerbung mit viel Engagement vor, war jedoch völlig offen für alles – was immer auch wir ihr zu bieten hätten. Auf meine Fragen antwortete sie sehr ehrlich und meinen Anregungen hörte sie aufmerksam zu. Eine Fähigkeit, auf die wir bei Verkaufsassistentinnen großen Wert legen. Ihre Unterlagen waren auch in Ordnung, aber der tiefere Grund, sie einzustellen war folgender: Sie wollte lernen und hatte eine innere Motivation, erfolgreich zu sein. Diese Einstellung – mehr als fachliches Können – hat mich bewogen, der Bewerberin eine Chance als Verkaufsassistentin zu geben.“

Alles ist möglich!

Das Erfolgsrezept des legendären Bankers Herman Josef Abs (gestorben 1994), der sogar das Naziregime unbeschadet überstand und meisterhafter Strippenzieher des Wirtschaftswunders war, wird von seinem Biografen Professor Lothar Gall mit folgenden Tugenden dargestellt:

- ❑ Sinn für das Mögliche
- ❑ Nüchterne Abwägung der Chancen und Risiken
- ❑ Kunst der Menschenbehandlung
- ❑ Ausgeprägter Charme
- ❑ Geschmeidiges Durchsetzungsvermögen, das sich der jeweiligen Situation rasch anpasst

Das sind alles Eigenschaften, die uns Frauen ebenfalls zur Verfügung stehen. Sie sehen also, fast nichts ist unmöglich, wenn man sich nur traut, zu dem zu stehen, was man will, und das einzubringen, was man kann.

z.B

Wie Birgit Gantz-Rathmann, Leiterin Soziales, Gesundheit und Chancengleichheit bei der Deutschen Bahn AG, berichtet. In ihrer Zeit als junge Staatssekretärin war sie mit zwei Abteilungsleitern wegen eines Projekts bei einer Kommune zu Gast. Sie wurde zwar als Dame behandelt, aber das Gespräch lief zwischen den drei Männern und es behagte ihr gar nicht, so abschätzig behandelt zu werden. Sie überlegte, in welcher Weise sie das Gespräch an sich ziehen könne, ohne „den Boss" herauszukehren. Rein zufällig fiel ihre Kaffeetasse um und diese Gesprächspause nutzte sie, um das Gespräch in die von ihr gewünschte Richtung zu lenken.

Sie sehen, dass man mit Witz und Humor durchaus einiges erreichen kann und Verletzungen oder Zurücksetzungen sich dadurch wesentlich souveräner handhaben lassen. Frau verliert weniger Gesicht, wenn sie sich mit kreativer Frechheit zur Wehr setzt, und hat den Applaus auf ihrer Seite.

So, liebe freche Frauen, in diesem Kapitel sind Sie mit vielen unterschiedlichen Facetten Ihres Potenzials in Berührung gekommen. Mit dem, was Sie in diesem Kapitel über sich gelernt haben, im Marschgepäck, können wir uns auf den Weg zur „auffallend guten“ Bewerbung machen.

2 Der Wille, etwas zu verändern

Was wünschen sich Firmen?

Wenn man jung ist, denkt man, Geld sei alles. Wenn man älter ist, merkt man, daß es alles ist!

Lieber nachfragen als raten

Wenn Sie Schwierigkeiten haben, die Stellenanzeige in der Tageszeitung oder im Internet zu verstehen, oder der Meinung sind, dass die darin angesammelte Menge von Worthülsen so gut wie nichts aussagt, rufen Sie im Unternehmen an. Es lohnt sich, vorher Kapitel 3 den Abschnitt „Telefonische Kontaktaufnahme ...“ zu lesen und sich gut auf den Anruf vorzubereiten! Wenn es für Sie aus welchen Gründen auch immer wichtig ist, können Sie durchaus nach dem Gehaltsrahmen für die inserierte Position fragen.

Ich empfehle, bei Gehaltsfragen von sich aus zu sagen, welcher Verdienst für Sie die absolute Untergrenze darstellt. Ihr Gesprächspartner kann Ihnen dann antworten, ohne Vertraulichkeitsverletzungen zu begehen, denn in den meisten Unternehmen gilt immer noch der Grundsatz: „Über Gehälter wird bei uns nicht gesprochen.“ Es kann sein, dass Sie in der neuen Stelle weniger Gehalt bekommen als in Ihrer vorherigen. Wenn Sie von sich aus kündigen, sollten Sie sich darüber im Klaren sein und wissen, wo Ihr absolutes Minimum liegt. Versuchen Sie herauszufinden, was ein Mann in einer vergleichbaren Position verdient, und orientieren Sie sich daran. Übrigens: Freche Frauen lassen sich nicht runterhandeln!

Alle Firmen wünschen sich Personal, das zu ihnen passt und sich problemlos integrieren lässt. Gegen diesen Anspruch ist per se nichts zu sagen. Doch wenn man das Wunschdenken vieler Personaler hinterfragt, kommt man zu folgendem Idealbild: Mitarbeiterinnen, die für immer jung und kinderlos bleiben, neben der fachlichen Qualifikation umfassende Berufserfahrung und makellose Sozialkompetenz mitbringen, wären optimal. Doch wie so oft im Leben klaffen hier Wunsch und Realität meilenweit auseinander.
Erzählen Sie in diesem ersten Telefongespräch durchaus etwas von sich, aber „labern“ Sie Ihren Gesprächspartner nicht voll.

Erstens wollen Sie von ihm etwas erfahren, zweitens können Sie davon ausgehen, dass Sie nicht die Einzige sind, die Informationsbedarf hat, und drittens ist der Personalsachbearbeiter unter Umständen schon genervt, weil er sich vorkommt wie ein Kassettenrecorder, der immer wieder das gleiche Band abspult. Und ganz im Geheimen: Bei Letzterem werde ich richtig schadenfroh, denn an diesen nervtötenden Anrufen ist er/sie oder der Anzeigenverfasser selber schuld! Solange Unternehmen nicht lernen, die Anforderungen an neue MitarbeiterInnen präzise und wahrheitsgemäß zu formulieren, muss erhöhter Leidensdruck bei den Verantwortlichen hervorgerufen werden. Zumindest so lange, bis sich ein Wandel abzeichnet: hin zu ehrlichen, konkreten Stellenanzeigen, in denen die Position beim Namen genannt und nicht zu „ManagerIn dies und das" aufgeblasen wird. Und in denen ähnlich wie beim Beipackzettel einer Arznei auch auf Risiken und Nebenwirkungen eingegangen wird: „Die ideale Bewerberin sollte ausgeprägte Motivationsfähigkeiten besitzen." Oder: „Wir erwarten eine xx-Stunden-Woche, die wir durch schnelle Weiterentwicklung honorieren." Zum Thema Stellenanzeigen finden Sie ab Seite 102 ein eigenes Kapitel und ein interessantes Beispiel. Weitere Informationen zum Thema Internet finden Sie ab Seite 108.

Fragen Sie so lange nach, bis Sie wissen, worum es bei dem Stellenangebot wirklich geht. Nur dann können Sie entscheiden, ob Ihre Bewerbung Sinn macht.

Checkliste: Check-up für freche Frauen

- ❑ Bevor Sie sich bewerben, lesen Sie die Stellenanzeigen sehr genau – egal, ob in der Tagespresse oder im Internet.
- ❑ Achten Sie auf die Formulierung und ob Sie im Text wirklich Konkretes über die zu besetzende Position finden. Wenn nicht, rufen Sie an und versuchen Sie, am Telefon so viel wie möglich zu erfahren.
- ❑ Seien Sie aufmerksam und scheuen Sie sich nicht, bei sich zu prüfen, ob Sie für diese Position wirklich geeignet sind. Sie tun sich selten einen Gefallen, wenn Sie sich auf Verdacht bewerben, ohne für die Position wirklich geeignet zu sein.

Kurzum: Wenn Sie wissen, was Sie wollen, und vorher ihre Hausaufgaben gemacht haben, kann auch Spontanität – also die Gelegenheit beim Schopfe zu packen – zum gewünschten Erfolg führen, denn Firmen wünschen sich BewerberInnen, die wissen was sie wollen, wie zum Beispiel Regine.

z.B.

Regines großes Hobby war ihr PC. Viele Abende und Wochenenden verbrachte sie in EDV-Kursen. Vor allem das Internet interessierte sie sehr und in den gängigen Office-Programmen war sie voll fit.
Tagsüber arbeitete sie im Callcenter einer Großbank. Wie in fast allen großen Unternehmen werden dort die Stellenangebote erst intern am schwarzen Brett bekannt gegeben, bevor extern inseriert wird. Eines Tages las Regine, dass für die interne PC-Support-Hotline Verstärkung gesucht würde. Als Regine die Stellenausschreibung las, handelte sie ganz spontan. Kurz entschlossen marschierte sie zum zuständigen Personalreferenten. Sie dachte nicht lange darüber nach, wie etwas zu tun sei, sondern wusste intuitiv: Dies ist meine Chance, jetzt oder nie! Mit dieser Zielstrebigkeit und Unbeirrbarkeit konnte sie niemand auf ihrem Weg zum Personalreferenten aufhalten. Sie betrat dessen Büro und sagte: „Ich beherrsche alle hier eingesetzten PC-Programme. Bitte lassen Sie mich diesen Job machen!“

Der Personalreferent gab ihr eine Chance und ließ sie zwei Tage lang probehalber die Hotline-Fragen beantworten. In dieser Zeit bewies Regine ihr Können. Sie hat ihr Hobby zu ihrem Beruf und den Sprung vom Callcenter zu einer Hotlinerin gemacht!
Doch was war es, das den Personalreferenten überzeugt hat? Er sagte mir, es war die Bestimmtheit von Regine und ihre selbstsichere Behauptung, dass sie alle eingesetzten PC-Programme beherrsche. Zuerst konnte er das nicht glauben, doch als er sie bat, in seinem Textverarbeitungsprogramm einige Einstellungen zu ändern und sie das im Nu erledigte, nahm er sie schon eher ernst. Dass Regine diese Chance allerdings erhielt, hatte mit ihrer Qualifikation nicht direkt zu tun: Es war der Mut und die Chuzpe, die hinter so einem Vorstoß steckt, was ihm den Versuch wert erschien. Der Personalreferent konnte gar nicht anders, als ihr die Chance zu geben.

Individualität ist Trumpf!

Wenn Sie nach einem Nachfrage-Telefonat und/oder nach reiflicher Überlegung zu dem Schluss gekommen sind, dass Sie die gewünschten Voraussetzungen wirklich mitbringen – erst dann sollten Sie sich bewerben. Wie?

- ❑ Mit einem tabellarischen Lebenslauf und einem professionellen Bewerbungsfoto.
- ❑ Mit entsprechenden Zeugnissen und Referenzen (können bei Interesse an Ihrer Bewerbung auch später nachgereicht werden).
- ❑ Und ganz wichtig: mit einem individuellen persönlichen Anschreiben.

Details zur schriftlichen Bewerbung finden Sie im Kapitel 3.
Als wichtigstes Kriterium einer guten Bewerbung wurde von allen von mir befragten Personalern das persönliche Anschreiben genannt. Auf einer gut gestalteten DIN-A4-Seite soll darauf neugierig gemacht werden, diese Kandidatin persönlich kennen

zu lernen. Doch alles, was hier versprochen wird, muss im persönlichen Gespräch selbstverständlich gehalten werden.
Bei all meinen Gesprächen mit Personalentscheidern begegnete mir immer wieder der Satz „Schon anhand des Layouts der Bewerbung können wir erkennen, wo sich der Bewerber schlau gemacht hat" – also welches Buch er gelesen oder bei welchem Trainer Rat geholt wurde. Bitte verstehen Sie mich richtig: Es ist wichtig, dass ein gewisses Format eingehalten und ein Lebenslauf nach einem bestimmten Raster aufgebaut ist – wegen der Übersichtlichkeit und damit der Leser schnell die gesuchten Informationen findet. Es ist weiterhin notwendig, sich über das Bewerbungsszenario gründlich zu informieren, bevor man sich darauf einlässt. Sie vermeiden dadurch, sich blauäugig unnötige „Veilchen" einzufangen, wenn es eine Absage nach der anderen hagelt.
Wer von Seminaren mehr profitiert als vom Bücherlesen, dem sei ein Bewerbungsseminar angeraten. Vor der endgültigen Buchung sollten Sie sich aber genau informieren, welche Themen in welcher Zeit bearbeitet werden und ob es die Möglichkeit einer Hotline für spezielle Fragen nach dem Seminarbesuch gibt. Der Markt ist unübersichtlich und schwarze Schafe, die nur Ihr Bestes – nämlich Ihr Geld – wollen, sind gut vertreten. Sie können sich eine individuelle Karriereberatung oder ein persönliches Coaching gönnen. Dazu finden Sie mehr Informationen in diesem Kapitel im Abschnitt: „Was brauchen Sie?"

Geklonte Bewerbungen

Wenn die Unternehmen von „geklonten Bewerbungen" sprechen, so heißt das im Klartext, dass massenhaft Bewerbungen eingehen, die unmodifiziert nach den Vorgaben eines bestimmten Bewerbungsratgebers oder -trainers aufgebaut sind und offensichtlich ohne nachzudenken schlicht nach Schema F übernommen wurden. Solche Bewerbungen mögen zwar technisch perfekt sein, lassen jedoch keinerlei Rückschlüsse auf die Persönlichkeit und das Stärken/Schwächen-Profil der dahinter steckenden Person zu. Vor allem tragen sie maßgeblich dazu bei, dass immer mehr Firmen die Eignung von Kandidaten anhand fachspezifischer Checklisten „abhaken". Das resultiert dann darin, dass die gewünschten Fähigkeiten und Kenntnisse auf einem Formblatt vorgegeben sind und mit dem Lebenslauf (!), nicht mit den Zeugnissen, verglichen und nur deutliche Übereinstimmungen abgehakt werden. Nur die Bewerberinnen, in deren Lebenslauf die meisten Übereinstimmungen mit den Begriffen auf der Checkliste gefunden wurden, werden zum Vorstellungsgespräch gebeten. Den anderen Bewerbern werden ihre Unterlagen zusammen mit einem nichts sagenden Absageschreiben zurückgeschickt. Was die Unternehmen von einem solchen Vorgehen haben, das können wir jeden Tag in der Zeitung lesen – unmotiviertes Personal bis in die höchsten Management-Ebenen, das sich an Fehlentscheidungen kaum noch übertreffen lässt.

Das Fazit zu „geklonten Bewerbungen" ist: Nur wenn Sie in allen Punkten exakt dem geforderten Mitarbeiterprofil entsprechen, hätten Sie eine Chance, den Job zu bekommen. Wie hoch schätzen Sie diese Wahrscheinlichkeit bei Ihrer Bewerbung ein?

Damit hoffe ich, sind „Bewerbungen nach Schema F = geklonte Bewerbungen" für Sie endgültig abgehakt, denn Sie wollen doch den Poker um interessante Stellen gewinnen, oder?

Auch wenn's schwer fällt – bleiben Sie geduldig!

Zugegeben, es ist billiger, Personal nach obigem Checklisten-Abhak-System zu rekrutieren. Genauere Prüfungen der Unterlagen sind sehr kostspielig und zeitaufwändig. So hatte ein deutsches Großunternehmen eine Trainee-Aktion ausgeschrieben und erhielt für die 45 zu besetzenden Stellen sage und schreibe 6.000 (sechstausend!) Bewerbungen, die es innerhalb von zwei Wochen auf Eignung zu prüfen hatte. Diese Mammut-

arbeit war nur durch das schematische Abhaken vorbereiteter Checklisten auf zu erfüllende Kriterien zu bewältigen.
Ich hoffe, dass Sie aufgrund des gerade geschilderten Szenarios bei der Bewerberauswahl in Unternehmen etwas mehr Verständnis dafür aufbringen, dass Sie manchmal länger auf die Antwort des Unternehmens warten müssen. Wenn Sie zu den ungeduldigen Menschen gehören, die jeden Tag dort anrufen und nachfragen, wie denn der Stand der Dinge sei, so bedeutet das für den jeweiligen Personalsachbearbeiter eine unzumutbare Zusatzbelastung. Abgesehen davon ist ein solches Verhalten Ihrer Sache ganz gewiss nicht dienlich – egal, wie charmant Sie am Telefon sind.

Wenn Sie schon nachfragen (müssen), so fragen Sie lieber konkret, wann Sie sich wieder melden sollen, und halten Sie sich auch daran. Unfreundliche Anruferinnen sind ebenso tabu wie „Quasselstrippen“. Wenn Sie aus Entscheidungsgründen in Zeitnot geraten, so teilen Sie es der Sachbearbeiterin ehrlich mit. Manchmal kann sie Ihnen bereits am Telefon sagen, wie ihrer Einschätzung nach die Chancen Ihrer Bewerbung stehen. Auf jeden Fall sollten Sie sich vor Ihrem Anruf durch den Abschnitt „Telefonische Kontaktaufnahme“ in Kapitel 3 arbeiten.

Kostenfaktor Mitarbeiterrekrutierung

Wissen Sie, welcher Arbeitsaufwand hinter der Besetzung von offenen Stellen steckt? Personalsachbearbeiter, bei denen die Bewerbungen eingehen, übernehmen die Vorprüfung der Unterlagen nach den Kriterien:

❑ Sind sie komplett?
❑ Wenn nicht, was fehlt?

Ist die Bewerberin für das Unternehmen interessant, wird das eventuell Fehlende nachgefordert, ansonsten werden die Bewerbungsunterlagen gleich dem Stapel „Absage“ zugeordnet. Die Statistik sagt, dass man sich durchschnittlich maximal drei bis fünf Minuten Zeit für die erste Durchsicht einer Bewerbungsmappe nimmt!
Die Befugnisse der Sachbearbeiter wie auch die Auswahlkriterien unterscheiden sich von Firma zu Firma. Manchmal ist es die Teamsekretärin, die Sympathieträgerinnen aufgrund der mitgeschickten Fotos identifiziert. Oder der Geschäftsführer selbst nimmt sich die Zeit, Bewerbung für Bewerbung intensiv durchzuarbeiten. Das Spektrum der Vorgehensweise in den Unternehmen ist so groß und so unterschiedlich, dass man hier kaum generalisieren kann.
Nehmen wir einmal an, auf eine ausgeschriebene Stelle bewerben sich 200 Personen. Davon entsprechen 150 weitestgehend dem Anforderungsprofil. Wie soll der Personalsachbearbeiter feststellen, welcher Bewerber am besten zum Unternehmen passt? Er müsste im Prinzip diese 150 interessanten Bewerber zum Gespräch bitten, das heißt, 150 Vorstellungsgespräche terminieren. Also die Termine vorschlagen und bestätigen lassen. 150 Gespräche durchführen, wobei jedes Gespräch zwischen 60 und 90 Minuten dauert. Berücksichtigen Sie bitte bei Ihrer Kalkulation, dass eine Stunde Arbeitszeit des Personalreferenten im Schnitt das Unternehmen mindestens 80 Euro kostet. Welch ein ungeheurer Zeit- und Kostenaufwand, der betrieben werden müsste, nur um eine Position zu besetzen! Sie sehen, die Personalabteilung hat kaum eine andere Chance, als anhand der fachlichen Checkliste zu versuchen, die Spreu vom Weizen zu trennen, um kurzfristig und einigermaßen kostenbewusst neue MitarbeiterInnen zu finden und einzustellen.

Anschreiben und Bewerbungsmappe – Tipps von Personalentscheidern

Alle von mir befragten Firmen nannten als wichtigstes Kriterium bei der Beurteilung einer Bewerbung das persönliche Anschreiben. Zugegeben, es ist auch der schwierigste Teil einer Bewerbung. Deshalb widmen wir uns diesem K.O.-Kriterium in aller Ausführlichkeit in Kapitel 3. An dieser Stelle befassen wir uns zunächst mit der Sicht der Unternehmen.

Klappern gehört zum Handwerk

Die persönlich-individuelle Bewerbung wurde immer in den Vordergrund gerückt. „Sobald man erkennt, dass das Anschreiben Massenware ist, kann das schon das Aus für den oder die KandidatIn bedeuten", sagte mir der Leiter Führungspersonal eines internationalen Konzerns. Eine 08/15-Bewerbung würde ebenfalls schnell zur Seite gelegt. Der Stellenwert des Anschreibens liege bei mindestens 50% der Gesamtbewerbung, meinte man bei einem Hightech-Marktführer. An einem knackigen Anschreiben von maximal einer Seite Länge könne man durchaus erkennen, warum der Bewerber der oder die Richtige sei, war eine weitere Aussage. Besonders wichtig sei eine klare zeitliche Angabe, wann der Bewerber für einen Eintritt in die Firma zur Verfügung stünde. Auch die Vorstellungen, die sich der Kandidat von seiner neuen Position mache, wo seine Stärken und Schwächen liegen und warum er einen Wechsel anstrebt, werden als Inhalt des Anschreibens begrüßt.
Eine internationale Bauunternehmung formulierte ihre Anforderungen präzise: „Wir wünschen uns ein Anschreiben, aus dem deutlich Vergangenheit und Zukunftswünsche hervorgehen. Die Auseinandersetzung mit unserem Unternehmen sollte ersichtlich sein und ein eigener Schreibstil wirkt positiv. Allerdings schreiben viele Bewerber aus Ratgebern ab und haben verlernt, der Macht ihrer eigenen Worte zu vertrauen." Das oder Ähnliches war allerorts und immer wieder zu hören. Also meine Damen, hier haben wir wieder das Thema Macht – machen Sie etwas Eigenes! Be-werben Sie Ihre Person, Ihren Charakter, Ihre

fachlichen und persönlichen Werte, denn Klappern gehört auch zum weiblichen Handwerk.
Suspekt wirkt eine Bewerbung jedoch dann, wenn die „Soft Skills" exakt so formuliert und aufgelistet werden, wie man es ständig in der Presse oder in den entsprechenden Stellenanzeigen finden kann: Teamfähig, kommunikativ, führungsstark, integrationsfähig, kreativ, konfliktfähig, feedbackfähig, sozial kompetent, hoher emotionaler Quotient und viele andere Schlagworte finden sich immer wieder. „Diese platte Wiedergabe macht misstrauisch, weil kein irdischer Mensch dieses Anforderungsprofil so umfassend erfüllen kann. Bei solcher Übertreibung ergibt sich schnell ein Bruch zum Lebenslauf, denn dieser Vergleich findet sofort statt", lautete der Kommentar einer erfahrenen Personalfrau.

Die Foto-Frage: Beifügen oder nicht?

Als Foto wünschten sich die meisten Unternehmen ein professionell fotografiertes Bewerberporträt. Es zeigt, dass frau sich Gedanken über ihr Erscheinungsbild in der Öffentlichkeit gemacht hat. Ein unverkrampfter, freundlicher und optimistischer Eindruck sage oft mehr über eine Kandidatin aus, als ihr vielleicht bewusst ist, meinte einer meiner Gesprächspartner. Eine Dame aus dem Personalmarketing erklärte mir, sie könne gut auf ein Foto in der Bewerbung verzichten, da es nichts über die Fähigkeiten und Inhalte des Bewerbers aussage.
Meine persönliche Meinung ist, dass ein gepflegtes Aussehen etwas ist, womit man werben sollte (hat schließlich viel Geld gekostet!), und Sympathieträgerinnen für Positionen, die viel Kundenkontakt mit sich bringen, durchaus sehr interessante Kandidatinnen sind, denn eventuelle fachliche Defizite kann man in Seminaren oder Training on the Job auffüllen. Wenn Sie wirklich professionelle Fotos von sich haben, die etwas über Sie aussagen, ist meine Empfehlung, Ihrem Lebenslauf eines beizufügen. Gerade wenn Sie eine ältere Bewerberin sind, kann ein Foto die Lebendigkeit und Power, die Sie haben, gut transportie-

ren. Private Fotos, zum Beispiel Urlaubsschnappschüsse mit Sonnenhut, wurden von allen Befragten einstimmig abgelehnt.
In anderen Ländern, zum Beispiel in Amerika, ist es unüblich, ein Foto mitzuschicken. Wenn Sie sich also für einen Job im Ausland interessieren, versäumen Sie nicht, sich über die dort herrschenden Gepflogenheiten vorab zu informieren.

Achten Sie bei der Auswahl des passenden Bewerbungsfotos unbedingt darauf, dass man Sie gut wiedererkennt. Manche Fotos gehören – egal wie toll und schön man darauf ist – in die Kiste „Mein Leben in Bildern". Investieren Sie in einen guten Fotografen, der sich die Mühe macht, Sie professionell und werbewirksam in Szene zu setzen!

Struktur, Papier und Menge

Bei der Bewerbungsmappe ist auf strukturierten Aufbau, ordentliches Erscheinungsbild und Standardisierung zu achten. Es geht um die Qualität des Inhalts, also Ihrer Referenzen und Zeugnisse, nicht um die Quantität der verwendeten Papierseiten!

Qualität statt Quantität

Es soll Bewerber geben, die stolz berichten, dass ihre Bewerbungsmappe besonders dick sei. Diesen Mappen sei eine sofortige Reduktionskur auf das Wesentliche verordnet. Loseblattsammlungen sind genauso out wie das Pendant dazu, nämlich jedes einzelne Blatt in einer Klarsichthülle verpackt. Out ist es auch, Kopien aus Mappen zu recyceln! Man erwartet frische Fotokopien und keine zerknitterten, angestoßenen Mappen mit verschiedenen Papiersorten.

Gebündelte Aussagen

Jedes Unternehmen ist daran interessiert, über gute Mitarbeiter zu verfügen, denn diese prägen letztlich den Unternehmenserfolg.

Eine Bewerbung sollte für die Absenderin werben, für Persönliches ebenso wie für Fachliches. Sie sollte ein klares Bild darüber abgeben, welche Leistung erwartet werden kann und welche Erwartungen an das Unternehmen gestellt werden. Jedes Anschreiben muss auf die Position und das Unternehmen individuell abgestimmt werden – alles andere funktioniert leider auch bei Vitamin-B-Bewerbungen nicht!

Was im Einzelfall hinter dem Wort „gut" steckt, ist abhängig von der herrschenden Firmenkultur und Führungsphilosophie. Aus meinen Interviews ließen sich die folgenden übereinstimmenden Aussagen zur Bewerberauswahl ableiten:

- ❑ Bewerberinnen, die wissen, was sie wollen.
- ❑ Kandidatinnen, die sich präzise ausdrücken können, also schnell zum Punkt kommen.
- ❑ Ein individuelles, präzises Anschreiben, in dem der Bewerber in seinen eigenen Worten auf die folgenden Punkte eingeht:
  - Warum bewerbe ich mich bei diesem Unternehmen?
  - Was erwarte ich?
  - Was bringe ich mit?
  - Wann kann ich anfangen?
  - Warum sollte das Unternehmen mich einstellen?
- ❑ Eine saubere Bewerbungsmappe,
  - die logisch strukturiert ist,
  - die einen übersichtlichen Lebenslauf mit professionellem Foto enthält,
  - mit ordentlichen Kopien relevanter Zeugnisse/Referenzen,
  - die auf Überflüssiges verzichtet (zum Beispiel Volksschulzeugnisse, irrelevante Zertifikate und Bescheinigungen etc.).
- ❑ Im Vorstellungsgespräch lebendige Kandidatinnen,
  - die den Erwartungen, die ihr Anschreiben geweckt hat, entsprechen,
  - die sich artikulieren können, anstatt stumm nickend wie ein Wackeldackel auf ihrem Platz zu sitzen,

- die ehrlich und angemessen ihre Interessen und Meinungen vertreten.

❏ Mitarbeiterinnen, die sich realistisch für das Unternehmen mit allen Vor- und Nachteilen entschieden haben und diesem auch längerfristig erhalten bleiben.

Die Kosten, die den Unternehmen durch Mitarbeiterfluktuation entstehen, sind immens. Laut Aussagen des Deutschen Gewerkschaftsbundes (DGB) betragen sie mindestens 8.000 Euro für eine Facharbeiterin, ca. 13.000 Euro bei einer Sekretärin und gar 200.000 Euro bei einer Führungskraft.

Außer Spesen nichts gewesen?

Die Einarbeitung neuer Mitarbeiterinnen bindet einerseits wertvolle Arbeitszeit des bestehenden Personals und reduziert dessen Produktivität. Andererseits ist es äußerst wichtig, die Neuen schnell und optimal einzuarbeiten, damit sie ihren Job wirklich ausfüllen können. Erst wenn die Neue je nach Aufgabenstellung in ca. 3 bis 12 Monaten fit für ihren Job ist, beginnt ihre produktive Phase als Mitarbeiterin. Erst jetzt beginnt sie, ihr Gehalt wirklich zu verdienen.

Wenn nun diese Mitarbeiterin kurz darauf das Unternehmen wieder verlässt, war aus Firmensicht „außer Spesen nichts gewesen". Wenn die Mitarbeiterin jedoch lange für das Unternehmen tätig war, hinterlässt sie eine Know-how-Lücke, die in den seltensten Fällen leicht zu schließen ist. Außerdem nimmt sie meistens wertvolles Know-how mit, das sie in den Jahren ihrer Betriebszugehörigkeit erworben hat. Vor allem im Vertrieb, wo es auf gute Kundenbeziehungen ankommt, passiert es immer wieder, dass wertvolle Kunden mit der Ex-Mitarbeiterin zu deren neuem Arbeitgeber, also zur Konkurrenz, wechseln.

Unternehmen mögen keine Experimente

Unternehmen sind weniger offen für Experimente. Das macht es Quereinsteigerinnen derzeit etwas schwerer. Es sei denn, sie haben nachweislich wirklich etwas, das das Unternehmen braucht, zum Beispiel um neue Geschäftsfelder aufzubauen oder Innovationen voranzutreiben. Gut aufgestellte Bewerberinnen haben breite Kenntnisse und können vielseitig eingesetzt werden. Wenn Sie dazugehören, dann ist das ein Zusatznutzen, den Sie dem Unternehmen deutlich anbieten sollten. Mitarbeiterinnen, die Einsparpotenziale aufdecken, stehen hoch im Kurs. Bieten Sie Verbesserungsvorschläge an, deren Umsetzung möglichst wenig kostet.

Nun kennen Sie die Wünsche der Unternehmen und können sich mit der Realität Ihrer Qualifikation und Ihrer Ansprüche an Ihren neuen Job auseinander setzen.

Was für einen Job wollen Sie haben?

**Mutterglück ist das,
was eine Mutter empfindet,
wenn ihre Kinder abends im Bett sind!**

Copyright: Gutsch-Verlag, Berlin

Der amerikanische Schriftsteller Henry David Thoreau hat gesagt: „Es genügt nicht, nur fleißig zu sein – das sind die Ameisen. Die Frage ist vielmehr: Wofür sind wir fleißig?“ Und das ist die Frage, um die es sich in diesem Kapitel dreht. Was für einen Job wollen Sie haben, jetzt, da Sie wissen, wer Sie sind, was Sie können, wo Ihre Stärken liegen und Ihr Potenzial etwas besser kennen. Also, wo soll Ihr nächster Karriereschritt hingehen?

Was ist mir wichtig im Leben?

Alles, was uns anmacht, lässt sich in vier Oberbegriffen zusammenfassen, die ich als Motivatoren bezeichne. Um Zufriedenheit im Beruf und im Leben zu erreichen, ist es von fundamentaler Bedeutung, dass der Hauptmotivator vorhanden oder zumindest erreichbar ist. Deshalb sollten wir uns unbedingt darüber im Klaren werden, welcher Motivator für die Wahl unseres neuen Arbeitsplatzes wichtig ist.

Die vier Motivatoren heißen Geld, Ruhm, Macht und Liebe. Welcher spielt in Ihrem Leben die größte Rolle?

1. Geld, das steht für Materielles und Status:
   Wenn Ihnen ein schönes Haus, ein flottes Auto und die mit einer guten Position assoziierten Statussymbole wichtig sind, dann werden Sie wohl oder übel Karriere machen müssen. Das bedeutet Überstunden, Wochenendarbeit, Fortbildung statt Urlaub und wenig Privatleben. Es sei denn, Sie haben im Lotto gewonnen, gehören zum Kreis der Erbinnen oder haben einen reichen Mann geheiratet und müssen keine „Karriere um des schnöden Mammons willen“ machen.
2. Ruhm, dazu gehört auch Ehre und Image:
   Wenn es Ihnen im Leben um Ruhm und Ehre geht, dann werden Sie alles daransetzen, um in exponierter Stellung das Rampenlicht auf sich zu ziehen. Sie werden sich mit einem Ehrenamt oder gleich mehreren dekorieren und auf dem gesellschaftlichen Parkett glänzen. Sie werden sich ebenfalls bemühen, ein guter Mensch zu sein und das, was Sie tun, sehr gut zu erledigen, sonst wird es leider nichts mit Ruhm und Ehre.

3. Macht und weibliche Autorität:
   Dieses Wort kommt von Machen. Wenn Sie also eine Macherin sind, haben Sie automatisch Macht, denn ohne sie ginge nichts. Frauen ersetzen das Wort Macht gerne durch „weibliche Autorität“, vielleicht auch nur, um sich dem Vorwurf eines Machtmissbrauchs zu entziehen. Auf jeden Fall nehmen Sie gewaltigen Einfluss auf so ziemlich alles, was gerade wichtig ist. Sie müssen damit rechnen, zu kämpfen, zu siegen, und das auf vielen Ebenen gleichzeitig, um Ihre Macht zu erhalten. Auch wenn Sie „nur“ als graue Eminenz hinter dem Mächtigen stehen. Und übrigens: Macht – richtig eingesetzt – hat etwas!
4. Liebe, das heißt Wertschätzung im Beruf:
   Damit sind keine Bürotechtelmechtel gemeint, sondern der ganz normale Anspruch, im Arbeitsleben für seine Leistungen anerkannt und als Mensch gemocht zu werden. Wenn Sie zu diesen Frauen gehören, haben Sie bestimmt ein starkes Bedürfnis, es allen recht zu machen. Dadurch werden Sie manipulierbar und Sie wissen ja: „To be everybody’s Darling“ heißt „to be everybody’s Fußabstreifer“. An alle Betroffenen: Bitte achten Sie strikt darauf, Ihre eigenen Interessen an erste Stelle zu setzen. Und das hat wirklich nichts mit Egoismus zu tun, sondern einzig und allein mit einem gesunden Selbstwertgefühl!

Wenn Sie wissen, worauf es Ihnen ankommt, dann werden Sie bei Ihrem neuen Job großen Wert darauf legen, dass Sie in Ihrer künftigen Stelle genau das finden, was Sie am meisten anmacht, was Sie voll motiviert! Das hilft ungemein, um Routine-Durststrecken oder Rückschläge leichter zu überstehen – und: Es befriedigt und macht glücklich!

Karriere und Familie kombinieren

Gehören Sie zu den cleveren Frauen, die wissen, dass man heutzutage Beruf und Familie durchaus kombinieren kann? Dann können Sie gewiss Prioritäten setzen, Nein sagen und flexibel einmal dem Job und einmal der Familie den Vorrang in Ihrem Leben geben. Sie scheuen sich nicht zuzugeben, dass Sie gerne berufstätig sind. Sie stehen dazu, dass die Qualität der Zeit, die Sie mit Ihren Kindern verbringen, wichtiger ist als die Quantität. Es ist für Sie selbstverständlich, in Ihrer Beziehung eine gleichberechtigte Partnerin zu sein, und falls Ihr Mann seine Berührungsängste gegenüber Staubsauger und Spülmaschine nicht ablegen kann, finanziert er eben eine Haushaltshilfe.

Karriere, Familie, Freizeit in Balance

Wenn Sie sich auf diese Doppel- oder Dreifachbelastung einlassen, dann tun Sie es bitte sehenden Auges und gut geplant. Suchen Sie sich für diese Zeit den entsprechenden Arbeitgeber. Es ist zwischenzeitlich zwar fast allen Unternehmen bekannt, dass die Menschheit ausstirbt, wenn frau keine Kinder mehr bekommt. Trotzdem gibt es große Unterschiede, wie weibliche Mitarbeiter unterstützt werden, zum Beispiel mit flexiblen Arbeitszeitmodellen, Homeoffice oder Telearbeitsplätzen. Sie werden überrascht sein, wie ansprechbar die Firmen inzwischen bei diesen Themen geworden sind. Frauen sind überwiegend höher qualifiziert als Männer und eine lange Babypause oder das Ausscheiden aus dem Beruf ist volkswirtschaftlich gesehen eine gigantische Verschwendung wertvoller Mitarbeiterinnen. Die alte Idee der Betriebskindergärten ist auch wieder auf dem Vormarsch. Vor allem in Gewerbegebieten und Technologieparks haben sich Unternehmen zusammengetan, um ihren Mitarbeiterinnen diesen Service zu bieten – oft auch unentgeltlich!

„Erfolgsfaktor Familie 2005"

Die Initiative „Erfolgsfaktor Familie 2005" des Familienministeriums und des Bundesministeriums für Wirtschaft und Arbeit (im Internet zu finden unter www.erfolgsfaktor-familie.de) bietet Firmen durch ein Audit einen weiteren Anreiz, Karriere und Familie für Frauen leichter kombinierbar zu machen. Also: Wenn Sie Kinder und Karriere unter einen Hut bringen wollen, sprechen Sie das gleich in Ihrer Bewerbung an und suchen Sie im Internet nach auditierten Arbeitgebern.

Ein Journalist, praktizierender Vater und Ehemann, bedauerte sehr, dass die Rahmenbedingungen für berufstätige Eltern zu wünschen übrig ließen. Im Kindergartenbereich würde gespart, die Öffnungszeiten seien karriereschädlich, die ökonomischen Anreize gering. Das über Generationen weitergereichte schlechte Gewissen einer berufstätigen „Rabenmutter" müsse ein Ende haben, denn frau solle nicht länger zugunsten der Kinder auf Karriere verzichten müssen. Bravo!

Die Frage nach einer Schwangerschaft ist unzulässig. Trotzdem erhöhen Sie Ihre Chancen, wenn Sie eine schlüssige Darstellung, wie Sie Ihre Mutterrolle und Ihren Beruf vereinbaren wollen, spätestens im Vorstellungsgespräch klar und präzise erläutern.

Frauen und Technik

Dass Frauen und Technik zwei unvereinbare Dinge sind, ist Chauvi-Geschwätz von vorvorgestern. Viele Frauen haben männerdominierte Berufszweige erobert und fühlen sich dort viel wohler als unter ihresgleichen.

z.B.

Kennen Sie die Geschichte der Krabben aus der Evolutionstheorie? Wenn man weibliche Krabben in einen großen Krabbenkorb packt, dann wuseln sie übereinander, untereinander, von rechts nach links in großer Eintracht. Doch wenn eine Krabbe versucht, aus dem Korb zu krabbeln, was, glauben Sie, geschieht? Sie wird von ihren Geschlechtsgenossinnen an den Beinen gepackt und in die gemeinschaftliche Wuselei zurückgezogen!

In den immer noch von Männern dominierten Ingenieurswissenschaften holen die Frauen mächtig auf. Seit Mitte der 90er

Jahre hat die Zahl der Studienanfängerinnen um 20% zugelegt und von den Frauen, die ihr Studium erfolgreich abschlossen, haben die meisten die Chance, in eine Führungsposition aufzusteigen. 23% aller Ingenieurinnen sind in leitender Position – vor drei Jahren waren es noch 20%. Ein kollegiales Betriebsklima, vielseitige Aufgabenstellungen und die Möglichkeit eigenständig zu arbeiten, sind die drei Hauptmotivationsfaktoren der Ingenieurinnen. (Quelle: *Wirtschaftswoche* Nr. 22, 20.05.2004)

Mentoring nutzen!

Susanne Ihsen vom Verein Deutscher Ingenieure (VDI) legt Frauen nahe, ihre Qualifikation besser zu verkaufen und die angebotenen Förderprogramme wahrzunehmen. Das Mentoring-Programm von Siemens in München soll Studentinnen den Weg durch das Studium erleichtern. Ford und Volkswagen wollen schon bei jungen Mädchen das Interesse an Technik wecken. Beim Autobau geht es schließlich nicht nur um „schneller – höher – weiter“, sondern um Sicherheit, Verbrauch und ökonomische Gesichtspunkte. Und: 70% der Kaufentscheidungen werden heute von Frauen getroffen! Fast jede größere Firma bietet heute Mentoring-Programme an. Und falls das bei Ihrem Arbeitgeber noch nicht der Fall sein sollte: Initiieren Sie selber eines! Ich kann Ihnen aus eigener Erfahrung sagen: Es macht Spaß und bringt Karrierechancen.

z.B.

Als neulich mein funkelnagelneues Cabrio nur mehr auf drei statt auf vier Zylindern lief, schlich ich mit ihm in die nächstgelegene Vertragswerkstatt. Dort empfing mich – zu meinem großen Erstaunen – eine weibliche Serviceberaterin, was ich als absolut wohltuend empfand. Statt mich mit einem KFZ-Berater nach dem Motto „Kennen wir schon – Frau am Steuer“ rumzuärgern, fanden mein Auto und ich eine ebenso aparte wie kompetente Ansprechpartnerin und zwei Stunden später brausten wir wieder fröhlich durch die oberbayerische Landschaft.

Allerdings ließ mich die Frage nicht los, wie man sich als Frau in einer Männerdomäne zurechtfindet – ja, wie man zuallererst einmal auf die Idee kommt, KFZ-Mechanikerin zu werden. Also frage ich Claudia ein bisschen aus. Und ihre Geschichte geht so:
Als Tochter eines Busunternehmers spielte sie schon als kleines Mädchen lieber in der Werkstatt als in Mutters Küche. Autos und Schrauben waren ihr liebstes Spielzeug. Die zu Weihnachten auf dem Gabentisch liegenden Puppen hingegen fand sie uninteressant.
Und so war die natürliche Folge ihrer persönlichen Neigungen, dass Sie 1997 als einziges Mädchen eine Lehre als KFZ-Mechanikerin begann, die sie nach drei Jahren erfolgreich und als Jahrgangsbeste mit Note 1,28 abschloss. Inzwischen hat sie sich zur Serviceberaterin weiterbilden lassen. In dieser sechsmonatigen händlerübergreifenden Fortbildung lernte sie alles zum Thema Kundenberatung und die relevanten Computerprogramme. Ihr Arbeitgeber hat die Kurse finanziert und dadurch Claudia für einige Jahre ans Unternehmen gebunden, was deutlich zeigt, wie wichtig ihm seine Mitarbeiterin ist.
Eines von Claudias Hobbys ist das Busfahren. Sie hat den Busführerschein für Personenbeförderung erfolgreich absolviert inklusive der obligatorischen medizinisch-psychologischen Untersuchung – und wer von Ihnen schon einmal den Führerschein verloren hat und zur MPU musste, weiß, wie schwierig diese ist. In ihrer Freizeit fährt sie Schulbus oder kurze Touren im Landkreis.
Claudias Tipps für freche Frauen, die sich trauen, in Männerdomänen „einzubrechen“, sind:

- ❏ „Keep cool Baby!“
- ❏ Gib nicht klein bei!
- ❏ Lass dir nichts gefallen!
- ❏ Werde nicht zickig!

Und das, meine Damen, entspricht ganz dem Naturell einer frechen Frau. Wenn Sie also gerne schrauben, löten, entwickeln und mit Technik zu tun haben wollen, dann trauen Sie sich in die „Höhle des Löwen" und werden Sie doch, was Sie wollen! Suchen Sie sich einen Arbeitgeber, wie zum Beispiel Xerox, dessen Chefin Anne Mulcahy nach beruflichen Verdiensten befördert wurde, bis sie den Chefsessel erklimmen konnte – und das inklusive Familienglück und Mutterschaft!

Gutes Betriebsklima

Wenn ein gutes Betriebsklima für Sie wichtig ist, dann achten Sie bitte schon bei der Recherche über Ihren neuen Auftraggeber auf das, was zwischen den Zeilen steht. Wenn auf Leistung und Wettbewerb gesetzt wird, dürfte das Klima etwas rauer sein. Wenn Sie Spaß an Leistung und am Sich-gegenseitig-aneinander-Messen haben, sind Sie dort richtig.

Ein gutes Betriebsklima wird immer von Einzelnen gemacht und kann verändert werden, wenn sich die Menschen verändern. In Ihrer Arbeit haben Sie eine bestimmte Funktion. Dafür werden Sie eingestellt und bezahlt. Eine Anerkennung Ihrer Leistung dürfen Sie im jährlichen Mitarbeitergespräch erwarten. Gelobt wird leider in deutschen Firmen noch zu selten, obwohl man wissen müsste, dass ein ehrliches Lob zu noch mehr Leistung anspornt. Sie müssen ja nicht gleich ins amerikanische „Lobing" (übermäßiges, manipulatives Loben) verfallen, aber Lob – richtig angebracht – kann das Betriebsklima durchaus im positiven Sinn verändern.

Trotzdem müssen Sie sich Ihren berechtigten Wunsch nach Anerkennung und Zuneigung im Privatleben erfüllen – im Job werden Sie sich auf die Anerkennung Ihrer Leistung und im Glücksfall auf persönliche Wertschätzung beschränken müssen.

Teamworker oder Einzelgängerin

Arbeiten Sie lieber im Team oder sind Sie gerne mit Aufgaben betraut, die Sie allein von A bis Z durchführen können? Jedes Unternehmen braucht Menschen, die im Projektteam Aufgaben erledigen. Wenn Sie gerne mit anderen arbeiten, den täglichen Austausch und gemeinsame Erfolge schätzen, dann sind Sie mit ziemlicher Sicherheit teamfähig. Achtung: Es soll auch Menschen geben, die das Wort „Team“ mit „Toll, ein anderer macht's“ übersetzen. Echte Teamplayer sind Menschen, die sich gerne mit anderen austauschen, Entscheidungen im Teamkonsens treffen und Aufgaben am liebsten gemeinsam lösen.

Wenn Sie gerne konzentriert an einer Sache arbeiten und die Kontrolle darüber behalten wollen, dann kann es sein, dass Sie in der Sachbearbeitung oder in einer Planungs- oder Stabsstelle besser aufgehoben sind.

Einzelgänger sind Menschen, die gerne eine Aufgabe im Alleingang ausführen. Sie sitzen gerne in einem Einzelbüro und treffen ihre eigenen Entscheidungen.

Achten Sie auf Ihre Präferenzen, wenn Sie Ihr berufliches Umfeld gestalten. Sie verbringen dort die meiste Zeit Ihres Lebens – und auf die bekommen Sie weder Kredit noch Vorschuss!

Was brauchen Sie?

Copyright: Gutsch-Verlag, Berlin

Sie wissen jetzt, wer Sie sind, was Sie können und was Sie wollen. Nun ist es an der Zeit, sich zu überlegen, was und wer Sie unterstützen kann, damit Sie die berufliche Veränderung erfolgreich in die Wege leiten und nicht in die Irre gehen.

Ressourcen, auf die Sie jederzeit bauen können

Fangen wir einmal mit Ihren inneren Ressourcen an. Das sind Eigenschaften wie zum Beispiel Absicht und Entschlossenheit. Die Absicht, einen neuen Job zu finden, und die Entschlossenheit, dieses Ziel auch zu erreichen. Um das richtige Ziel anzusteuern, brauchen Sie Achtsamkeit, damit Sie sich für etwas bewerben, das Sie können und das Ihnen Freude macht. Damit Sie alle Chancen, die sich Ihnen auf Ihrem Weg bieten, auch wahrnehmen, brauchen Sie die Präsenz, im Moment zu leben. Nur wenn Sie hellwach sind, sehen Sie auch das weniger Auffallende. Übung macht den Meister und gibt Ihnen die Vertrautheit und die Praxis, um in Vorstellungsgesprächen Ihre Ausrichtung auf Ihr Ziel zu behalten und die Beharrlichkeit zu zeigen, die Sie zu einer wertvollen Mitarbeiterin machen kann. Letztlich geht es bei der Arbeit um Austausch und Verbundenheit – mit Kunden, Kollegen und dem Unternehmen.

Sie brauchen Mut, um sich auf den Weg zu machen. Sie sollten zielstrebig auf Erfolgskurs gehen und sich erlauben, dann auch Erfolg zu haben. Wenn Sie dann noch Ihre tägliche Dosis Glück haben, kann nichts mehr schief gehen. Aber der Reihe nach:

Mut, sich auf den Weg zu machen

Um erfolgreich und glücklich zu sein, braucht es Mut. Denn wer erfolgreich ist, wird in Deutschland (leider immer noch!) schief angeguckt, und wer glücklich ist, fällt im kollektiven Gejammere wirklich auf. Eine glückliche Frau, die noch dazu zu ihrem Erfolg steht, ist heutzutage eine auffallende Ausnahmeerscheinung.

Neues macht Angst

Mut zu haben bedeutet, Angst zuzulassen. Mutige Menschen haben auch Angst. Der Unterschied ist der bewusste Umgang mit ihrer Angst. Sie überlegen sich vorher, welches Risiko sie eingehen wollen, und treffen dann bewusst ihre Entscheidung.

Osho, der Philosoph, sagt: „Die Mutigen stürzen sich kopfüber ins Abenteuer. Sie suchen bei jeder Gelegenheit die Gefahr. Sie leben nicht nach der Lebensphilosophie der Versicherungsgesellschaften, sie leben nach der Lebensphilosophie der Bergsteiger, Fallschirmspringer und Surfer. Und sie surfen nicht nur auf den äußeren Meeren; sie surfen auch auf ihrem inneren Ozean. Sie bezwingen nicht nur die Gipfel der Alpen und des Himalaya, sondern auch die Gipfel in ihrem Inneren." (Osho, Mut, 6/2001)

Es erfordert viel innere Stärke und äußeren Mut, um der Bequemlichkeitsfalle zu entkommen. Wenn wir uns in dieser mit Samt gepolsterten Falle befinden, so heißt das erstens, dass wir in der Vergangenheit leben, und zweitens, dass wir Angst vor der ungewissen Zukunft haben. Wir haben uns mit der Frustration unserer jetzigen Situation arrangiert. Und diese Stagnation – also der Stillstand in unserem Leben – verhindert, dass wir glücklich sein können, egal, wie viel materieller Wohlstand uns umgibt. Erfolgreich werden wir uns dabei selten fühlen, weil Erfolg eine Dynamik erfordert, die in der Bequemlichkeitsfalle tabu ist.

Erfolg erfordert Dynamik

Erlauben Sie sich Ihren Erfolg!

Bevor wir uns auf die Reise zu neuen beruflichen Horizonten machen, müssen wir festlegen, woran wir erkennen werden, dass wir auf dem richtigen Kurs sind. Denn oft stehen wir uns selbst im Weg, weil wir zögerlich, wenig aufmerksam sind, unsere Ausrichtung auf das Ziel nachlässt oder unsere Beharrlichkeit, gut anzukommen, Prüfungen unterworfen ist.

Der Kompass

Man sagt: Erfolg ist, was erfolgt. Das bedeutet, dass frau erst einmal herausfindet, was für sie selbst Erfolg bedeutet. Was ist für Sie „erfolgreich sein"? Für die eine ist es Karriere, für die andere Karriere und Familie, für wieder eine andere „mein Cabrio, meine Wohnung, mein Mann und mein Handicap". Die Definition des individuellen Erfolgs ist so unterschiedlich, wie wir Frauen es sind. Doch erst wenn Sie sich darüber im Klaren sind, was Erfolg für Sie wirklich bedeutet, kommt der nächste

Schritt und der heißt: „Wie kommen Sie dahin, wo Sie hinwollen?“ Und das ist Strategie. Planen, das Für und Wider abwägen, das Umfeld bedenken, Rückschläge einkalkulieren und einen Plan B entwickeln, falls Plan A scheitert. Wenn diese Planung steht und man sich vorstellen kann, das Ziel erreicht zu haben und trotzdem rundherum glücklich und zufrieden zu sein, dann kommt das Erfolgen, nämlich das Tun!

Checkliste: Damit beim Erfolgen der Erfolg nicht auf der Stecke bleibt, beherzigen Sie folgende zehn Gebote.

1. Nehmen Sie sich Zeit, hinter das Offensichtliche zu sehen, denn selten sind die Dinge so, wie sie sich auf den ersten Blick darstellen.
2. Schalten Sie Verstand und Bauchgefühl zusammen. Damit vermeiden Sie kopfgesteuerte Entscheidungen ebenso wie emotionale Schnellschüsse.
3. Wenn Sie sich entschieden haben, bleiben Sie bei dieser Entscheidung, bis die Umstände zu einem Umdenken zwingen.
4. Die Verantwortung für das, was Sie tun, liegt bei Ihnen. Ebenso auch die Schuld für das, was Sie nicht tun.
5. „Nobody is perfect.“ Stehen Sie zu Ihren Fehlern, bitten Sie um rechtzeitiges Feedback und lernen Sie daraus.
6. Sprechen Sie mit den richtigen Leuten. Stellen Sie fest, ob Ihre Gesprächspartner für Ihr Anliegen zuständig und entscheidungsbefugt sind.
7. Schaffen Sie sich Freiräume. Dies können Entscheidungsspielräume sein oder auch Zeit für Privates, Familie und Freunde.
8. Finden Sie den richtigen Rhythmus zwischen Anspannung und Entspannung, denn nur von einer elastischen Sehne trifft Ihr Bogen ins Schwarze!

9. Seien Sie achtsam mit Ihrer Zeit. Wir verfügen nur über ein bestimmtes Maß an Lebenszeit, von dem wir nicht wissen, wann es zu Ende ist. Diese Zeit können wir weder ansparen noch bekommen wir einen Vorschuss darauf. Deshalb ist es wichtig, ein Gespür für den richtigen Zeitpunkt und die richtige Dauer zu entwickeln.
10. Erlauben Sie sich Ihre Erfolge! Viele Frauen neigen dazu, ihre eigenen Leistungen als „Da habe ich mal wieder Glück gehabt" abzutun. Männer hingegen sind stolz auf ihre Leistungen und stellen ihren Erfolg als leuchtende Trophäe vor sich hin. Nehmen wir sie uns zum Vorbild und gestatten wir uns den Stolz auf und das Glück an dem, was wir erreicht haben!

Glück und berufliche Erfüllung

Jeder Erfolg ist nur dann ein echter Erfolg, wenn er mindestens einen Menschen glücklich macht – nämlich Sie! Aristoteles soll gesagt haben: „Wahres Glück ist, seinen Geist frei zu entfalten." Und so hat jeder Mensch seine eigene Definition von Glück. Für die eine Frau ist es der neue Job, für die andere die Führungsverantwortung. Für die Nächste das harmonische Familienleben, der Sieg im Tennis- oder Golfturnier etc. All dies sind äußere Formen des Glücks, denn die Erfüllung dieses Glücksgefühls ist immer von gewissen Faktoren oder Personen abhängig. Und damit sind wir ihnen ausgeliefert.

Wo liegt mein Glück?

Die wahre Form des Glücks ist die, die aus uns selber kommt. Und damit sind wir unabhängig von anderen und können das Glück zu jeder Zeit hervorrufen, vor allem wenn wir es brauchen. Sie werden fragen: Geht das? Wie alles im Leben braucht es etwas Übung, aber ich behaupte, der Glücksmuskel kann trainiert werden.

Um der Idee näher zu kommen, was Glück für Sie bedeuten könnte, machen Sie zu allererst ein Brainstorming mit sich selbst. Das heißt, Sie nehmen ein Blatt Papier und einen Stift zur Hand und schreiben spontan und ohne nachzudenken ganz schnell alles auf, was Ihnen zum Thema Glück so einfällt.
Wenn Ihnen nichts mehr einfällt, lesen Sie durch, was Sie geschrieben haben, und sortieren Sie nach innerem und äußerem Glück.

Mit dieser Übung haben Sie eine Idee bekommen, was Glück für Sie bedeutet. Mit folgender Übung aus meiner Coachingpraxis rufen Sie sich Ihre Glückserfahrung ins Gedächtnis zurück:

Bitte beantworten Sie schriftlich folgende Fragen und nehmen Sie sich so viel Zeit dafür, wie Sie brauchen:

- ❑ Waren Sie schon einmal wirklich glücklich?
- ❑ Stellen Sie sich diese Situation so intensiv wie möglich vor und schreiben Sie auf: Was haben Sie gesehen, gehört, gespürt, geschmeckt, gerochen?
- ❑ Wie lange hielt das Glücksgefühl an?
- ❑ Was ist heute anders als damals?
- ❑ Was braucht es, um dieses Glücksgefühl im Heute wiederherzustellen?

Dann stellen Sie sich das Glückserlebnis noch einmal so intensiv wie möglich vor und fassen Sie sich in den Nacken, wenn sich die Intensität nicht mehr weiter steigern lässt. Richten Sie Ihre Aufmerksamkeit kurz auf etwas anderes. Wiederholen Sie diese mentale Übung noch mindestens fünf Mal und testen Sie am nächsten Tag, was passiert, wenn Sie sich in den Nacken fassen.

Wenn Sie ein Gefühl beschleicht, das mit „Un“ beginnt, sollten Sie sich folgende Fragen stellen:

1. Will ich dieses Gefühl gerade haben?
   Unzufriedenheit ist manchmal ein guter Motor.
2. Was will mir dieses Gefühl sagen?
   Vielleicht ist es ja Zeit, etwas zu ändern.
3. Was habe ich davon, wenn ich diesem Gefühl folge?
   Es könnte einfacher sein, unzufrieden zu bleiben, als etwas zu ändern.
4. Wie wäre es, wenn ich das „Un“ dieses Gefühls weglieẞe?
   Aus Unzufriedenheit würde Zufriedenheit
5. Wie würde mein Leben aussehen, wenn ich diesem Gefühl folge?
   Wenn ich zufrieden wäre, dann …
6. Was müsste ich tun, damit ich dieses positive Gefühl behalten könnte?
   Um zufrieden zu sein, müsste ich meinen Job wechseln.

Alle Worte, die mit „Un“ beginnen, wie Unzufriedenheit, Unentschlossenheit, Unehrlichkeit etc., sind die größten Glückskiller überhaupt. Doch auch hier sind Sie die Regisseurin Ihres Glücksgefühls!

Checkliste: Eine Zusammenfassung zum Glück

1. Glück ist ein Geschenk, das Sie sich selber machen können.
2. Glück verzichtet auf Worte, die mit „Un“ oder „Miss“ beginnen.
   Gedankenhygiene heißt: Formulieren Sie Ihre Gedanken bewusst!
3. Glück lebt in unserem inneren Kind.
   Lassen Sie es immer mal wieder raus zum Spielen!
4. Glück ist frei von Besitz- und Anspruchsdenken.
   Es geht weniger um das Haben als um das Sein.

5. Glück ist ansteckend.
   In der Gesellschaft einer Glücklichen werden Sie sich besser fühlen als in Gesellschaft einer frustrierten Jammerliese.
6. Glück findet immer jetzt statt – wir müssen es nur erlauben!
   Die Vergangenheit ist unveränderbar. Die Zukunft ist noch nicht da. Das Jetzt ist alles, was Sie beeinflussen können.

Sie werden feststellen, dass äußeres Glück etwas ist, das Sie festhalten können. Inneres Glück hingegen ist ein Gefühlszustand, der nur dann möglich ist, wenn Sie in der Gegenwart, also **Jetzt** leben. Dieses Jetzt-Gefühl gibt Ihnen persönliche Intensität und klare Fokussierung auf das, was Ihnen wirklich gut tut. Beides kann Ihnen auf der Suche nach beruflicher Erfüllung ein unentbehrlicher Helfer sein.
Ich hoffe, liebe freche Frauen, Sie wissen jetzt, wo Sie ansetzen können, um Ihre tägliche Glücksdosis selbst zu bestimmen. Halten Sie es einfach mit dem Schriftsteller Mark Twain, der gesagt hat: „Gib jedem Tag die Chance, der schönste deines Lebens zu werden.“

Helfer auf dem Weg – Trainer, Personalberater und Karriere-Coachs

Doch bevor Sie jetzt in Euphorie verfallen, wollen wir uns ganz nüchtern mit Menschen und Institutionen auseinander setzen, die Ihnen auf dem Bewerbungsmarathon zur Seite stehen können. Um falschen Erwartungen und unnötigen Ausgaben vorzubeugen, erkläre ich Ihnen die Unterschiede zwischen Trainer, Berater und Coach, damit Sie wissen, wer Ihnen wobei und wie helfen kann.

Trainer

Ein Trainer wird Ihnen Kompetenz vermitteln, indem er Ihnen beibringt, wie etwas funktioniert. Das kann das Computerprogramm sein, auf dem Sie sich fit machen wollen, bevor Sie die neue Stelle antreten. Das kann ein Führungsworkshop sein, der Sie für die Übernahme von Personalverantwortung qualifiziert. Ein Bewerbungstraining wird Sie generell auf die Bewerbung vorbereiten, ohne auf Sie als Persönlichkeit Rücksicht zu nehmen. Von Trainern bekommen Sie Standardlösungen, die Sie Ihrer individuellen Situation anpassen müssen.

Personalberater

Ein Personalberater ist Experte auf dem Gebiet der Personalbeschaffung und Stellenbesetzung. Er bekommt seine Aufträge von Unternehmen, die Personal suchen. Sein klassisches Vorgehen ist die Durchführung einer Ist-Analyse, also welche Stelle das Unternehmen zu besetzen hat. Aufgrund der Anforderungen an den künftigen Stelleninhaber entwickelt der Personalberater ein Soll-Konzept, also welche Art von Person für die zu besetzende Stelle geeignet ist. Dann wird der Personalberater die geeigneten Kandidaten dem Unternehmen präsentieren. Ein Personalberater liefert Maßgeschneidertes, wobei das Unternehmen entscheidet, welche Person die Stelle bekommt.

Es ist immer gut, wenn Sie sich mit Personalberatern verstehen. Personalberater sind gute Multiplikatoren, denn sie kennen viele potenzielle Arbeitgeber. Ihre Dienste werden an der Qualität ihrer Kandidaten gemessen, und wenn ein Personalberater Ihr Profil in seine Kartei aufnimmt, um Sie bei Gelegenheit einem Unternehmen vorzuschlagen, so ist dies ein gutes Zeichen.

Karriere-Coach

Der Coach begleitet Sie ein Stück Ihres Weges. Er dient als Spiegel, in dem Sie sich erkennen können, und durch die Reflexion sehen Sie Ihre Muster und auch Ihre blinden Flecken. Ein guter Coach kostet zwar richtig Geld, doch diese Investition amortisiert sich in der Regel sehr bald, denn Sie kommen einfach schneller und leichter voran. Wenn Sie den Willen haben, etwas zu verändern, sich für Ihre Zukunft engagieren und die Verantwortung für sich und Ihr Leben übernehmen, dann ist ein guter Coach angesagt.

Wofür Sie sich auch entscheiden, ob Sie im Selbststudium lernen, Seminare und Workshops besuchen, sich in die Hände von Beratern und Coachs begeben, denken Sie daran: Sie sind auch hier die Meisterin des Spiels und Sie entscheiden, wo es langgeht!

Freunde und Netzwerker

Freunde sind ganz wichtig. Zum einen sind das Menschen, die Sie auffangen, wenn es mal etwas holpriger läuft, und sie auf vielfältige Weise unterstützen können. Zum anderen kennen sie wiederum andere Menschen und haben auch selbst ihre eigenen Netzwerke, so dass sie gute Multiplikatoren abgeben.

Multiplikatoren

Multiplikatoren sind Menschen, die wiederum viele Menschen kennen, denen sie Informationen geben und von denen sie Informationen bekommen. Stellen Sie sich vor, Sie werfen einen Stein ins Wasser. Genauso wie um die Eintauchstelle immer weitere Kreise entstehen, so wird Ihre Information immer weiter nach außen getragen.

z.B

Karin, eine Architektin, nahm die Einladung eines Freundes, der bei einem Generalbauunternehmen Projektleiter war, doch mal bei ihm im Büro vorbeizukommen, an, um zu schauen, wie es da so ist. Sie fand sich unter lauter männlichen Technikern und Bauingenieuren wieder. Das freundliche und professionelle Arbeitsklima dort gefiel ihr, und als sie Interesse an einer Mitarbeit bekundete, wurde sie sofort eingestellt. Sie stieg zur Projektentwicklerin auf, die von der Idee über die Planung und Kalkulation bis nach der Bauausführung die Ansprechpartnerin der Kunden ist. Sie sagt: „Ich habe nie um meine Position kämpfen müssen. Wenn die Männer sehen, dass man etwas kann und auch tun will, dann lassen sie einen auch.“ Heute ist sie die einzige weibliche Gesellschafterin des Unternehmens und fühlt sich rundherum zufrieden.

Die Agentur Stepstone berichtet, dass 37% aller Beschäftigten in Deutschland ihren Job durch Beziehungen bekommen haben. 44% konnten die eigenen Netzwerke bei der Jobsuche nutzen. Nur 19% haben ihre Stelle ausschließlich ihrer Qualifikation zu verdanken. Also sollten Sie netzwerken auf Teufel komm raus!

Die Gesetze der Netze

Hier gilt: Geben und Nehmen müssen ausgeglichen sein. Beziehungen wollen gepflegt werden und mit der Tür ins Haus zu fallen ist absolut tabu. Anstatt zu sagen: „Kennst du jemand, der einen Job für mich hätte?“, versuchen Sie es nach dem ernsthaften Smalltalk mit: „Ich suche einen neuen Job im Bereich ... Wenn dir etwas dazu einfällt, lass es mich bitte wissen.“

Netzwerke sprießen wie Pilze aus dem Boden. Am besten orientieren Sie sich im Internet, wer in Ihrer Umgebung aktiv ist, und melden sich einfach zu einer Veranstaltung an. Schnuppern ist überall erlaubt, denn wer Mitglied werden will, sollte schon wissen, was geboten und verlangt wird. Überregional tätige Frauennetzwerke sind der BPW-Business and Professional Women Germany e.V. (www.bpw-germany.de) und der EWMD-European Women's Management Development Deutschland e.V. (www.ewmd.org) oder für Unternehmerinnen der VdU (www.vdu.de). Wenn Sie im IT- oder Multimedia-Bereich tätig sind, können die Webgrrls (www.webgrrls.de) oder Pionapoint Teleworking Management e.V (www.piona.de) interessant sein. Connecta e.V. (www.frauennetzwerk-connecta.de und www.women.de sind hilfreich. Der Bundesverband der Frau in freien Berufen und Management e.V. ist unter www.bfbm.de zu finden. Beim Frauenarbeitsmarkt ist der Domainname Devise www.frauen-arbeitsmarkt.de.

Um das kostbare Vitamin B optimal zu nutzen, ohne in den Ruch einer Abzockerin zu geraten, beherzigen Sie bitte Folgendes:

1. Kein Jammern und kein Klagen!
2. Seien Sie bereit, etwas für den anderen zu tun, bevor Sie um etwas bitten!
3. Informieren Sie, anstatt zu fordern!
4. Bleiben Sie in Beziehung, auch wenn man ihnen jetzt nicht helfen kann!
5. Sagen Sie „Danke"!

Vergessen Sie nicht: Eine freundliche Bitte muss immer mit einem herzlichen Danke abgeschlossen werden, auch wenn man nichts für Sie tun konnte. Allein der Versuch ist schon Mühe und ein Danke, vielleicht garniert mit einer hübschen Karte, einem Blumenstrauß oder einer Flasche Wein, hält Sie in positiver Erinnerung.
Bücher über strategisches Netzwerken finden Sie im Literaturverzeichnis.

Checkliste zum Netzwerken

1. Netzwerken ist lebensnotwendig! Niemand verliert seinen Job schneller als eine unscheinbare Mitarbeiterin.
2. Internes und externes Netzwerken gibt Rückendeckung.
3. Geben und Nehmen muss sich die Balance halten.
4. Bringen Sie sich ein. Netzwerken ist immer ein aktiver Beitrag.
5. Nutzen Sie die Kraft der Netze bei der Jobsuche!

Wie finden Sie Ihren Job?

Copyright: Gutsch-Verlag, Berlin

Wenn Sie sich darüber im Klaren sind, dass und wohin Sie sich beruflich verändern wollen, dann sollten Sie sich informieren, wo Sie neue berufliche Möglichkeiten finden. Sie gehen auf die Suche nach Stellenangeboten in Tageszeitungen oder Fachpublikationen, in Internet-Jobbörsen oder sonstigen Stellenausschreibungen, die Sie recherchiert haben. Gleichzeitig können Sie sich bei jeder Firma bewerben, die Ihnen interessant erscheint oder von der Sie wissen, dass sie Ihre Mitarbeit benötigen könnte.
Auf jeden Fall sollten Sie immer mehrere Bewerbungen laufen haben, denn Sie können nicht damit rechnen, dass Sie gleich Erfolg haben. Sie sollten mit einer Vorlaufzeit von ca. sechs bis neun Monaten rechnen, bis Sie einen neuen adäquaten Job gefunden haben.

Stellenanzeigen

Als wir uns damit beschäftigten, was sich die Unternehmen wünschen, konnten wir feststellen, dass Wunsch und Realität sehr unterschiedlich sind. Und das merkt man sehr deutlich bei den Stellenanzeigen. Sie sind manchmal so formuliert, dass die Vermutung nahe liegt, dass sie eher der Imagepflege des Unternehmens als der Mitarbeitergewinnung dienen. Während meiner Recherchen hörte ich von Unternehmensseite immer wieder die gleiche Klage: „Wir bekommen zwar viele Bewerbungen, aber kaum die richtige." Kein Wunder, wenn man manche Stellenanzeigen liest! Sehr häufig ist außer der üblichen Phrasendrescherei nach dem Motto „Suche fachlich und sozial kompetente Mitarbeiterin, maximal 25 Jahre alt, mit über 30-jähriger Berufserfahrung in allen administrativen und technischen Bereichen einschließlich Führungserfahrung im Topmanagement für unsere Registraturabteilung" kaum wirklich Aussagekräftiges zu finden.

Phrasendrescherei

Haben Sie schon einmal Stellenanzeigen gelesen wie „Wir suchen dringend Mitarbeiter! Bitte bewerben Sie sich bei Firma Hinz und Kunz, Telefon 0123/456789" oder noch besser „Hauswirtschafterin mit guten hauswirtschaftlichen Kenntnissen ge-

sucht"? Da fragt man sich schon, wes Geistes Kind der potenzielle Arbeitgeber ist und ob man in dieser anspruchsvollen Umgebung wirklich arbeiten möchte.
Leider muss man vielen Unternehmen den Vorwurf machen, dass es an der präzisen Formulierung von Stellenanzeigen sehr mangelt. Selten geht aus einem Inserat konkret hervor, welchen Anforderungen die künftige Stelleninhaberin gerecht werden soll. Je genauer eine Stellenanzeige formuliert ist, desto qualifizierter sind die Bewerbungen, die beim Unternehmen eingehen. Deshalb klopfen Sie ein Stellenangebot nach folgenden Kriterien ab:

- ❑ Wer wird gesucht? Die zu besetzende Position sollte so präzise – und ehrlich! – wie möglich bezeichnet sein und bitte in allgemein verständlicher Sprache!
- ❑ Was genau wird von der Bewerberin erwartet? Realistische Angaben, die einer verkürzten Stellenbeschreibung ähneln, sollten hier zu finden sein. Dann weiß die Bewerberin, worauf es der Firma ankommt, und kann sich präzise profilieren.
- ❑ Was hat die Firma zu bieten? Entwicklungsmöglichkeiten, Teamarbeit, Führungsverantwortung, Sicherheit – also Aussagen, die sie als potenziellen Arbeitgeber attraktiv machen.
- ❑ Auf welche Art soll der Bewerber Kontakt aufnehmen? Es gibt Unternehmen, die es Bewerbern leicht machen, indem sie neben der Adresse auch Ansprechpartner und Telefonnummer für Voranfragen nennen. Das ist sehr partnerschaftlich gedacht und sollte der heutige Standard sein. Allerdings gibt es – vor allem in traditionellen Branchen – immer noch Firmen, die es sich leisten, telefonisch keine Auskünfte zu erteilen. Was Sie als künftiger Mitarbeiter eines solchen Unternehmens davon zu halten haben, überlasse ich Ihrer Einschätzung.

Die meisten Unternehmen befassen sich sehr wenig mit ihrer Imagepflege in ihren Stellenanzeigen. Viele Leser haben sich wohl schon über die wenig aufschlussreichen Angebotstexte voller Worthülsen und Klischees geärgert – ob im stillen Kämmerlein oder im Freundeskreis, aber unternommen haben sie wahrscheinlich weiter nichts. Nicht so Louisa!

z.B.

Louisa sucht eine neue Herausforderung, am liebsten in der Personalentwicklung. Sie arbeitet als Personalverantwortliche in einer großen Werbeagentur und ist immer wieder entsetzt über die miserablen Stellenanzeigen, denen sie in den Tageszeitungen begegnet. So auch an diesem Tag. Eine große Aktiengesellschaft sucht eine/n Personalleiter/in. Der Anzeigentext sagt weder Konkretes über die Tätigkeitsschwerpunkte des Gesuchten noch über die Wünsche und Vorstellungen der Firma aus. Kurz entschlossen entwirft Louisa eine Stellenanzeige, die sie sich für dieses Stellenangebot vorstellen und wünschen würde. Zusammen mit diesem Anzeigenentwurf bewirbt sie sich bei der Aktiengesellschaft. Das Anschreiben zu ihrer Bewerbung lautet in verkürzter Form etwa so:
„… Das kann doch nicht Ihr Ernst sein! Es geht auch besser – hier ist ein Anzeigenvorschlag, der erstens dem Image Ihrer Firma gerecht wird und zweitens den Verantwortungsbereich eines Personalleiters konkret darstellt. Sie werden feststellen, dass die klassischen Aufgaben eines Personalentwicklers fehlen, denn für diese Position bewerbe ich mich mit diesem Schreiben …“
Louisa macht ihrem Ärger konstruktiv Luft, denn sie bietet gleichzeitig eine Lösung an. Lösungsorientierte Menschen, die Probleme angehen, ohne zuerst das große Schuldzuweisungstheater in allen Akten aufzuführen, sind in guten Unternehmen stets willkommen – auch wenn man erst einmal meint, dem Bewerber keine entsprechende Position anbieten zu können. Louisa bekommt einen Vorstellungstermin und nach relativ kurzer Zeit einen neuen Job.

Der Personaldirektor erzählte mir sehr offen von seiner ersten Reaktion auf diese freche Art sich zu bewerben:
„Als wir das Anschreiben lasen, waren wir mehr konfrontiert als erfreut. Allerdings hatte die Schreiberin Recht – ihr Text war wirklich aufschlussreicher als unserer: Sie ging auf die von einem Personalleiter erwarteten Kernkompetenzen ein und stellte die Wünsche unseres Unternehmens an den zukünftigen Abteilungsleiter präzise und allgemein verständlich dar. Das gefiel uns und wir schalteten die redigierte Anzeige erneut. Was die Bewerbung als Personalentwickler betraf, so dachten wir zuerst, dass wir nichts damit anfangen können, denn eine solche Funktion hatten wir nicht zu besetzen. Als wir nach sehr kurzer Zeit den neuen Personalleiter gefunden hatten und ihm diese Geschichte erzählten, fand er das Vorgehen Louisas so bemerkenswert, dass er sie zum Gespräch bat. Die Tatsache, dass Louisa keine klassische Personalentwicklungslaufbahn vorweisen konnte, wurde durch ihre Stärke, die Probleme an der Wurzel anzugehen und konstruktive Lösungsansätze zu konzipieren, mehr als aufgewogen. Dies veranlasste uns, sie einzustellen. Zwar nicht in der klassischen Personalentwicklung, sondern als Moderatorin in der Begleitung interner Projekte.“

Checkliste Stellenangebote

Wenn Sie als Bewerberin Interesse an einem wenig aussagefähigen Stellenangebot haben, so rufen Sie die Firma oder den Personalberater bitte an. Wenn Sie sich auf dieses Gespräch vorbereitet haben, stellen Sie freundlich und bestimmt die folgenden vier Fragen:

- ❑ Was genau umfasst der genannte Tätigkeitsbereich?
- ❑ Wo im Unternehmen ist die Position angesiedelt, wer ist Ihr Chef, sind Ihnen Mitarbeiter unterstellt, wenn ja, wie viele?
- ❑ Welche fachlichen Kernqualifikationen sind für diese Position absolut notwendig?
- ❑ Worauf legt das Unternehmen bei seinen Mitarbeitern besonderen Wert?

Gehen Sie davon aus, dass Sie sicher nicht die Einzige sind, die in diesem Fall Informationsbedarf hat, bevor sie sich bewirbt. Und wenn Ihr Telefonpartner genervt reagiert, weil er das, was er Ihnen erzählt, bereits mindestens 50 Mal an diesem Tag erzählt hat – dann nehmen Sie's bitte nicht persönlich. Es ist nicht Ihre Schuld, dass man sich in diesem Unternehmen keine Zeit für eine gut formulierte Stellenanzeige nimmt. Man sollte Ihnen sogar dankbar sein, dass Sie sich trotzdem bewerben (wollen) und so lange nachfragen, bis Ihnen klar ist, worum es bei dem Stellenangebot wirklich geht, bevor Sie entscheiden, ob Sie wirklich für diese Position infrage kommen.

Es ist meiner Meinung nach absolut legitim, bei schludrig formulierten Stellenanzeigen bei den Unternehmen erhöhten Leidensdruck zu erzeugen, damit sie endlich konkrete und weitgehend ehrliche Stellenanzeigen aufgeben. Und wenn sie es nicht können oder tun wollen, sollten sie einen Spezialisten einschalten, der diese zugegebenermaßen schwierige Arbeit für sie übernimmt.

Anzeigen von Agenturen und Personalberatern

Wenn Personalberatungen die Stellenangebote der Unternehmen schalten, so kann das verschiedene Hintergründe haben: Die Firma überträgt der Personalberatung die Formulierung und Schaltung der Anzeige, um sich Arbeit zu sparen.
Außerdem steht die Beratung meistens für die Beantwortung telefonischer Voranfragen sogar am Wochenende zur Verfügung. Nach jeder Anzeigenschaltung gehen bei den Unternehmen nicht nur die Anrufe potenzieller BewerberInnen ein, sondern es melden sich auch Zeitarbeitsfirmen, Personalvermittlungen, Werbeagenturen etc., die ihren Service anbieten. Damit kommt der für diese Stellenbesetzung zuständige Personalreferent kaum noch zu seiner eigentlichen Arbeit, denn er beantwortet überwiegend telefonische Nachfragen potenzieller BewerberInnen oder muss Firmen abwimmeln, auf deren Dienste das Unternehmen im Moment keinen Wert legt.
Personalberatungen sind meistens auch für die Vorauswahl der Kandidaten zuständig und präsentieren die infrage kommenden Bewerber in der ersten Vorstellungsrunde. Dadurch sparen die Unternehmen viel Zeit und Geld.
Für Sie als Bewerberin hat es den Vorteil, dass Sie sensible Details, wie das angebotene Gehalt und sonstige Leistungen, erfragen können, ohne gleich bei Ihrem potenziellen Arbeitgeber einen bestimmten Eindruck zu machen.
Gute Personalberater haben einen feinen Instinkt dafür, welche Mitarbeiter zu welchem Unternehmen passen (können), und nehmen sich schon mal die Freiheit, darauf hinzuweisen, dass man bei der Firma Schulze besser aufgehoben sei als bei Schmidts.
Wenn dem Personalberater eine Bewerbung interessant erscheint und er sich als Personalmarketing-Spezialist versteht, so wird er von sich aus anbieten, Ihre Bewerbung entweder an einen seiner anderen Kunden weiterzugeben oder aber bei

Bedarf auf Sie zurückzukommen. Die Weitergabe Ihrer Unterlagen ist nur mit Ihrer ausdrücklichen Zustimmung erlaubt.
Wenn Personalberater sich als Multiplikatoren für die Vermarktung anbieten, ist das eine gute Sache. Denn Berater werden immer an der Qualität des Personals gemessen, das sie dem Unternehmen präsentieren, und sind somit stark daran interessiert, gute Kandidatinnen bei der Stange zu halten. Im Allgemeinen sind Personalberater beim Vorstellungsgespräch ihrer Kandidaten anwesend. Eine Tatsache, die für manche Bewerberin durchaus hilfreich sein kann.

Chiffre-Anzeigen

Peep-Show mit Unbekannten

Chiffre-Anzeigen werden zum Glück immer seltener. Sie erscheinen mir als eine Art Peep-Show, in der die Bewerberin einen „beruflichen Striptease“ hinlegt und der potenzielle Arbeitgeber sich im Dunkeln verbirgt. Ich frage mich dann, warum es dieser Stellenanbieter nötig hat, sch hinter einer Ziffernkombination zu verstecken. Kann es sein, dass die jetzige Stelleninhaberin noch nichts von ihrer Kündigung weiß und erst dann gefeuert werden soll, wenn ein adäquater Ersatz für sie bereitsteht?
Weiterführende Literatur zu Stellenangeboten und wie man sie liest finden Sie im Literaturverzeichnis.

Stellenbörsen im Internet

Inzwischen ist es so, dass sich viele namhafte Zeitungen mit ihren Online-Ausgaben im Internet mit Internet-Jobbörsen vernetzen. Auch die *Welt* (Fach- und Führungskräfte), *Hamburger Abendblatt, Berliner Morgenpost* und die Print-Marken der Axel Springer AG vernetzen sich mit StepStone Deutschland, einem Pionier der Online-Rekrutierung. Mehr als 1,8 Millionen qualifizierte Kandidaten suchen monatlich bei StepStone nach aktuellen Jobangeboten. Im Rahmen des StepStone-

Netzwerks ist es möglich, in 34 Ländern zu suchen. Näheres unter www.stepstone.de.

active sourcing

„Kein anderes Medium bietet höhere Aktualität und größere Reaktionsgeschwindigkeit", sagte eine Geschäftsführerin. Vom Praktikanten, Hochschulabsolventen bis zum Topmanager tummelt sich fast jeder im Netz, der jung, qualifiziert und global orientiert ist. Man kann im Web aktiv sowohl nach dem passenden Job als auch nach dem qualifizierten Bewerber suchen. Angeblich befinden sich über 8 Millionen Lebensläufe im Netz. Dieses „active sourcing" genannte Vorgehen ist eine kostengünstige Art für Unternehmen, direkt mit infrage kommenden Bewerbern Kontakt aufzunehmen. Viele Unternehmen haben sich von teuren Printanzeigen distanziert und setzen nur noch auf das Web, da die Rekrutierungskosten um die Hälfte niedriger sind. Trotzdem sollten sich Bewerberinnen nicht allein darauf verlassen, im Web gefunden zu werden.

Ran an die Maus!

Neben den Stellenangeboten auf den Unternehmens-Homepages orientieren sich viele Bewerberinnen über die Jobbörsen. Deren Qualität variiert sehr stark, und welche der genannten Internetadressen die aktuell beste ist, lässt sich nur von Fall zu Fall entscheiden. Auf diesen Seiten finden Sie auch Bewerbungstipps und Zusatzinformationen rund um den Job. Um einen Überblick zu gewinnen, sollten Sie zuerst Meta- bzw. Suchmaschinen anklicken und mit dem Suchbegriff „Jobbörsen" reingehen. Ich kann Ihnen versprechen, Sie werden reiche Beute machen!

Hier werden Sie fündig!

- ❏ Metasuchmaschinen bzw. -kataloge sind zum Beispiel www.metacrawler.de, www.klug-suchen.de, www.metager.de, www.monster.de, www.google.de
- ❏ Unter www.jobrobot.de und www.suchfibel.de sind viele Jobbörsen übersichtlich gelistet. Ein gut strukturiertes Bewerbungsportal finden Sie unter www.jobboersen.de

- Einige Jobbörsen, teilweise branchenspezifisch gegliedert, sind:
  Auslandsjob: www.jobware.de, www.worldwidejobs.de, www.berufsberatung.ch, www.austropersonal.com (für Österreich)
- Allgemein: www.jobpilot de, www.stellenanzeigen.de, www.stepstone.de, www.berufsstart.de, www.arbeitsagentur.de
- Behinderten hilft www.kein-handicap.de weiter.
- Kultur und Musik: www.kultur-stellenmarkt.de
- Banken: www.bankjob.de
- Verlage: www.verlagsjob.de
- Hotel-Jobs: www.hotel-career.de
- Sekretariat: www.sekretariatsjob.de, www.secretarymarket.de
- Medien- und Filmbranche: www.filmworks.de, www.dubbing.de, www.epa.at
- Multimedia: www.medienjobs.de, www.multimedia.de
- Ingenieurwesen: www.ingenieurweb.de
- IT und EDV: www.computerjobs24.de, www.dv-markt.de
- Soziales: www.socialservice.com, www.sozialmarketing.de, www.socialwork.com
- Medizin: www.aerzteblatt.de, www.medirent.de
- Umwelt- und Qualitätsmanagement: www.oeko-netzwerk.de, www.oekotest.de
- Fach- und Führungskräfe: www.karrieredirekt.de
- Hochschulabsolventen: www.alma-ater.de, www.unicum.de, www.akademiker-online.de
- Jura: www.karriere-jura.de, www.marktplatz-recht.de
- Freie Mitarbeit: www.freelancer.de, www.freiberufler.com

Initiativbewerbungen

Wenn Sie aktiv und schnell einen neuen Job suchen, dann werden Sie um Initiativbewerbungen nicht herumkommen. Sie unterscheiden sich von Antworten auf Stellenangebote durch die Form des Anschreibens und dass Sie statt der kompletten

Bewerbungsmappe nur einen aussagefähigen Lebenslauf beifügen.
Doch woher wissen Sie, wo Sie sich bewerben sollen? Hier kommt es einzig und allein auf Ihre Eigeninitiative an, deshalb heißt es auch Initiativbewerbung. Sie ergreifen die Initiative, wo und wofür Sie sich bewerben wollen. Dazu müssen Sie recherchieren – also in Erfahrung bringen –, welche Unternehmen wie positioniert sind, was sie bieten und ob sie Ihren Wünschen entsprechen.

Welche Firma kommt für Sie infrage?

Checkliste: Welche Firma kommt infrage?

1. Muss ich Kindererziehung und Beruf unter einen Hut bringen?
   Sehen Sie unter www.beruf-und-familie.de nach.
2. Bin ich an Frauenförderungsprogrammen interessiert?
   Recherchieren Sie im Internet oder fragen Sie die Gleichstellungsbeauftragte Ihres Wohnorts, welches Unternehmen sich dafür stark macht.
3. Wie mobil bin ich?
   Wenn Sie kein Problem damit haben, Ihren Wohnort zu wechseln, so ist das ein echtes Plus.
4. Wie weit darf der neue Arbeitgeber von meinem Wohnort entfernt sein?
   Nehmen Sie sich eine Landkarte im Maßstab 1:10.000 und kreisen Sie mit einem Zirkel den möglichen Radius ein oder markieren Sie infrage kommende Orte. Recherchieren Sie ortsbezogen und informieren Sie sich bei der zuständigen Industrie- und Handelskammer.

5. Soll es ein mittelständisches oder ein Großunternehmen sein?
   Mittelständler haben den Vorteil, dass der Kuschelfaktor dort noch nicht ausgestorben ist und Sie die Möglichkeit haben, viele verschiedene Tätigkeiten auf eine Stelle zu vereinen. Außerdem wird Ihre Leistung schneller gesehen und, wenn Sie Glück haben, anerkannt. Bei Großunternehmen ist der Ton unpersönlicher, dafür können Sie schneller aufsteigen und bei Bedarf intern wechseln.
6. Was ist mir an meinem Arbeitgeber wichtig? Hier einige Gedankenanstöße:
   - Jobsicherheit und betriebliche Altersvorsorge
   - Kindergarten und flexible Arbeitszeitmodelle für berufstätige Mütter
   - Gezielte Weiterentwicklungsprogramme
   - Flache Hierarchien, um schneller Führungsverantwortung zu übernehmen
   - Mehr mitten im Geschehen zu sein, als nur am Schreibtisch zu sitzen
   - Internationales Arbeitsumfeld, evtl. mal im Ausland arbeiten
   - Bezahlung, Firmenwagen, gesellschaftlicher Status

Informationsbeschaffung

Haben Sie diese Fragen für sich so klar wie möglich beantwortet, haben Sie ein ziemlich deutliches Profil Ihres künftigen Arbeitgebers gewonnen. Mit diesem Profil können Sie über Informationsdienste, wie zum Beispiel die Telekom, die örtliche Industrie- und Handelskammer (IHK), professionelle Anbieter, zum Beispiel den Hoppenstedt-Verlag oder Merkur, oder über Internet-Recherche (www.branchendino.de für Unternehmensdaten) suchen. Der Wirtschaftsteil der Tageszeitungen oder der Regionalpresse ist ebenfalls eine ausgezeichnete Informationsquelle. So stand zum Beispiel im Sonderteil der *Financial Times Deutsch-*

land am 24.9.2004 zu lesen, dass die Reederei E.R. Schifffahrt bis 2007 mehr als 470 Kapitäne und Offiziere sucht. Und soweit ich weiß, können die auch weiblich sein.

z.B

Sie können es auch so halten wie Theodor, der in der Milchwirtschaft arbeitet. Seine Frau und er verbrachten ihre Ferien am liebsten in Bayern. Und irgendwann beschlossen sie, ganz umzuziehen. Sie abonnierten die einschlägigen Fachzeitschriften, doch es war kein passendes Stellenangebot zu finden. Daraufhin abonnierte Theodor das Regionalblatt des Landkreises, in dem sie immer ihre Urlaube verbrachten und wo sie künftig auch leben wollten. Daraus erfuhr er von der Zusammenlegung zweier Molkereien und er schickte seine Bewerbung an beide. Nach einem kurzen Bestätigungsschreiben, dass seine Bewerbung vorgemerkt sei, ist Funkstille. Als Theodor und seine Frau wieder nach Bayern in Urlaub fahren, vereinbart er mit der Personalabteilung der zusammengeschlossenen Molkerei einen kurzen Besuchstermin. In diesem Gespräch überzeugt Theodor mit seiner ruhigen und kompetenten Art den Personalchef, der eine Einsatzmöglichkeit für ihn findet.

Geschäfts- und Personalberichte

Von den interessantesten Unternehmen besorgen Sie sich aktuelle Geschäftsberichte, das sind die des abgeschlossenen Geschäftsjahres, also vom Vorjahr. Sie können bei der Pressestelle des Unternehmens oder über die Bank bezogen werden. Meistens haben auch die IHKs ein gut sortiertes Archiv. Wenn Sie beim Unternehmen direkt anrufen, können Sie auch nach einem Personalbericht fragen.
Im Geschäftsbericht finden Sie Aussagen zu:

- ❑ Vision und Philosophie des Unternehmens: Deckt sich das mit Ihrer?

- ❏ Geschäftsentwicklung im Vergleich zu den Vorjahren: Wo ist Wachstum?
- ❏ Produkte und Produktbereiche: Können Sie hier beitragen?
- ❏ Organisationsstruktur und Unternehmensaufbau: Hierarchien für Sie okay?
- ❏ Entwicklung der Mitarbeiterzahlen: Wird abgebaut oder eingestellt?
- ❏ Jahresabschluss und Bilanz mit Erläuterung(en): Wie steht das Unternehmen da?
- ❏ Ausblick auf die künftigen Geschäftsjahre: Jobsicherheit möglich?
- ❏ Anzahl der Niederlassungen und/oder Tochterunternehmen mit Adresse und Telefonnummer: In Ihrer Nähe oder an Ihrem bevorzugten Arbeitsort?
- ❏ Namen der Vorstands- und Aufsichtsratsmitglieder.

Der Personalbericht wird in manchen großen Firmen zusätzlich zum Jahresbericht erstellt und beinhaltet Folgendes:

- ❏ Personalstrategie im Vergleich zur Unternehmensvision
- ❏ Entwicklung der Mitarbeiterzahlen und angewandte Führungsleitbilder
- ❏ Informationen zur Gleichstellung der Geschlechter
- ❏ Personalentwicklung für Auszubildende, Mitarbeiter und Führungskräfte
- ❏ Erwartungen an die Mitarbeiter (wird oft verklausuliert ausgedrückt)
- ❏ Modelle zur Altersvorsorge
- ❏ Allgemeine Angaben zu eingeführten Bewertungs- und Leistungssystemen
- ❏ Vorschau aus personeller Sicht auf das nächste Geschäftsjahr

Insider-Wissen

Insider-Informationen über Betriebsklima, Führungsverhalten, Entwicklungschancen und Ansprechpartner können Sie sich am besten über dort beschäftigte Freunde, Bekannte oder Leute in

Ihrem Netzwerk besorgen. Achten Sie darauf, wer Ihnen was sagt, denn Objektivität ist nicht jedermanns Stärke, und ziehen Sie den leidigen Neidfaktor mit ins Kalkül.

z.B

Renate ist gekündigt worden. Sie war bei einem eng geführten Medienkonzern tätig und wusste, dass sie bei ihrer neuen Arbeitsstelle großen Wert auf freie Gestaltung ihres Arbeitsplatzes und Kundenkontakt legen wird. Sie überlegt sich, welcher Markt im Moment am meisten boomt, und stellt fest, dass es im Bereich Telekommunikation gute Alternativanbieter zur teureren Telekom gibt. Eines dieser alternativen Unternehmen hat den Ruf, seinen Mitarbeitern freie Hand zu lassen und sie gut zu behandeln. Dort bewirbt sich Renate als Vertriebsmitarbeiterin – ganz klassisch, mit nur einem kleinen Unterschied: Ihrer Bewerbungsmappe hat sie einige Absichtserklärungen von Leuten beigefügt, die zu dieser Telefongesellschaft wechseln wollen. So viel Engagement im Vorfeld hat den Personalreferenten beeindruckt und er hat Renate eingestellt, obwohl es eigentlich keine freie Stelle gab.

Netzwerke, Freunde, Familie und andere hilfreiche Geister

Frauen wird nachgesagt, dass sie Netzwerke unterschätzen und diese Form von Beziehungen sogar moralisch abwerten. Frauen vertrauen angeblich zu sehr auf Glück und den Faktor Zufall, strategische Planung sei ihre Sache nicht. Nun, meine Damen, ist da wirklich etwas dran?

Freche Frauen tun gut daran, jeden Kontakt zu nutzen, der ihnen hilfreich sein kann. Dazu gehören die Mitglieder des beruflichen Netzwerks ebenso wie das soziale und gesellschaftliche Umfeld, in dem Sie sich bewegen. Ihnen gut gesinnte ehemalige KollegInnen oder Chefs können Sie in Ihrer Jobsuche möglicherweise unterstützen. Fragen Sie einfach, ob jemand etwas weiß oder jemand kennt, der etwas wissen könnte. Je

klarer Sie das, was Sie suchen, umreißen können und je deutlicher Sie den Nutzen, den Ihre Arbeitskraft einem Unternehmen bringt, darstellen können, desto einfacher machen Sie es Ihrem Gegenüber, Sie zu unterstützen, denn der andere kann nur helfen, wenn er versteht, worum es geht und warum er helfen soll.
Freunde und Familie haben zwar ihre eigenen Vorstellungen darüber, was für Sie am besten ist, und diese mögen sich nicht immer mit Ihren eigenen Gedanken decken. Trotzdem schadet es nicht, ihre Unterstützung einzuholen, vorausgesetzt, Sie prüfen genau, ob sie Ihnen wirklich weiterhelfen.

Personalberater

Wenn Sie schon mit Personalberatern gearbeitet haben, können Sie dort jederzeit anrufen und fragen, ob sich in Ihrem Jobbereich etwas tut. Es kann durchaus sein, dass ein Kunde eine neue Suche startet, die Anzeige noch nicht geschaltet ist oder man zuerst im vorhandenen Bewerberportfolio suchen will. Ein zusätzlicher Nutzen für den Personalberater kann sein, dass er seinem Kunden die erheblichen Kosten einer Stellenanzeige sparen kann, wenn er eine passende Kandidatin ohne Ausschreibung präsentiert.
Wenn Ihre Unterlagen sowieso bei Personalberatern liegen, ist es immer eine gute Sache, sich im Abstand von zwei bis drei Monaten in Erinnerung zu bringen.

Karrierebörsen

Karrierebörsen sind Veranstaltungen, für die Sie sich entweder bewerben müssen oder ein Eintrittsgeld entrichten. Dafür finden Sie dort potenzielle Arbeitgeber und können manchmal bereits im Voraus Vorstellungsgespräche vereinbaren. Als Rahmenprogramm werden teilweise Kurz-Coachings oder Vorträge rund um das Thema Stellensuche angeboten. Der Markt der Karrierebörsen ist sehr bewegt, deshalb rate ich zur Internetrecherche unter Karrierebörse, Karrieremesse oder Bewerbertag. Eine Sammlung findet sich unter www.stellenboersen.de

Was tun, wenn Sie niemanden kennen?

Sie rufen direkt beim Unternehmen an! Erstellen Sie vorher einen Gesprächsleitfaden wie in Kapitel 3 dargestellt und lassen Sie sich direkt zur Assistenz des Personaldirektors durchstellen. Diese Damen sind im Allgemeinen gut informiert. Fragen Sie höflich nach dem Namen des zuständigen Ansprechpartners. Wenn Sie möchten, können Sie bei dieser Gelegenheit auch gleich nach Job-Möglichkeiten fragen. Kommen Sie auf dieser Schiene nicht weiter und wissen Sie genau, in welcher Abteilung Sie arbeiten möchten, dann erfragen Sie den Namen des Abteilungsleiters und seine Durchwahl und rufen dort direkt an.
Wenn Sie genau wissen, was Sie machen wollen, dann können Sie Giselas Beispiel folgen:

Gisela wollte schon immer in der PR-Abteilung eines Großkonzerns arbeiten, denn die Arbeit in ihrer PR-Agentur machte ihr keine Freude mehr. Wie konnte sie das Interesse des Unternehmens für sich wecken? Es musste eine außergewöhnliche und gleichzeitig überzeugende Bewerbung sein, so viel war klar. Gisela besorgte sich Produktinformationen des Unternehmens, das Farben herstellt, im örtlichen Fachgeschäft. Sie las die Texte und überlegte, wie und was sie zu einer guten PR-Arbeit des Unternehmens beitragen könnte.
Giselas Stärke war, die Dinge auf den Punkt zu bringen, das heißt knapp, präzise und ansprechend zu formulieren. Sie machte sich also die Mühe, ihre Bewerbung als Produktinformation zu verpacken, die einer echten Produktinformation des Unternehmens fast zum Verwechseln ähnlich sah.

Ihr Bewerbungsfoto nahm den Platz der Produktabbildung ein. Statt der Farbenspezifikation fand man ihre biografischen Details und das Produkt „Berufserfahrung“ formulierte sie so, dass alles für diese Position Wesentliche gesagt wurde. Am Schluss bot sie an, bei Interesse gerne aussagefähige und komplette Bewerbungsunterlagen nachzureichen. Ihre Bewerbung schickte Gisela in einem normalen DIN-C6-Umschlag ab.

Der Personalchef war verblüfft, wie viele Informationen auf so kleinem Raum untergebracht werden können. Giselas Fähigkeit, kurz und prägnant zu formulieren, ist für die PR-Arbeit sehr wichtig. Die Bewerbung war gut geschrieben, leicht zu lesen und die Dinge waren auf den Punkt gebracht. Die Gestaltung war sowohl übersichtlich als auch ansprechend. Gisela erregte Aufmerksamkeit, weil sie sich exakt an den Firmenrichtlinien für Produktblätter orientierte. Diese hatte sie vorher durch Vergleichen der Produktblätter herausgefunden. Außerdem war die Bewerbung, also die so genannte „Produktinformation“, mit einem ähnlichen PC-Programm erstellt worden, wie es im Unternehmen eingesetzt wurde. Gisela würde also keine teure zusätzliche Schulung benötigen, sondern wäre sofort voll einsetzbar. Die nachgereichten Unterlagen waren schlüssig und Gisela wurde zum Vorstellungsgespräch eingeladen. Ihre Kreativität hatte beeindruckt und man wollte wissen, welche Persönlichkeit sich dahinter verbarg. Als man Gisela im Vorstellungsgespräch kennen lernte, erkannte man rasch ihr Potenzial, strategisch und präzise vorzugehen. Sie wurde sofort eingestellt.

Checkliste: Firmenaussagen

Als ich nach auffallend guten Bewerbungsbeispielen suchte, habe ich mich mit vielen Personalentscheidern unterhalten und immer wieder Übereinstimmendes gefunden:

- ❑ Alle Bewerberinnen haben sich etwas Außergewöhnliches überlegt, damit ihre Bewerbung Interesse auf sich zog.
- ❑ Sie waren kreativ, sie ließen sich etwas einfallen. Sie waren innovativ, indem sie statt der allgemeinen Trampelpfade ihren eigenen Weg gingen, und, last not least, sie waren mutig, denn Zivilcourage ist eine Voraussetzung für ausgefallene Bewerbungen.
- ❑ Durch die Bank haben sich alle Kandidatinnen selbstbewusst verhalten bei der Entwicklung ihrer Strategie wie auch in den jeweiligen Vorstellungsgesprächen.
- ❑ Sie haben sich nicht gescheut, andere um Rat zu fragen oder um Hilfe zu bitten.
- ❑ Jede Bewerberin hat sich vorher zumindest gedanklich mit ihrem potenziellen Arbeitgeber auseinander gesetzt und war über das Unternehmen so gut wie möglich informiert. Dass Sie sich über Ihren zukünftigen Arbeitgeber schlau machen, gehört zu den wichtigsten Vorarbeiten Ihrer erfolgreichen Bewerbung.
- ❑ In allen Geschichten kam klar zum Ausdruck, dass die Bewerberinnen genau wussten, was sie wollten, und sich nicht von ihrem Ziel ablenken ließen.

Aus diesen Übereinstimmungen können Sie Fragen zur Entwicklung Ihrer eigenen Strategie ableiten:

- ❑ Welche Potenziale schlummern in Ihnen?
- ❑ Was ist es, das gerade Sie unverwechselbar macht?
- ❑ Wo stehen Sie sich selbst im Weg und was haben Sie davon?
- ❑ Wie stellen Sie sich Ihre berufliche Zukunft vor?
- ❑ Wollen Sie diesen Job wirklich und warum?

- ❑ Wie können Sie auf angenehme oder dezent provokante Weise die Aufmerksamkeit auf Ihre Bewerbung lenken?
- ❑ Was passiert, wenn Sie diesen Job dann auch bekommen?

Falls Sie Bedenken haben oder sich über den einen oder anderen Punkt Gewissheit verschaffen wollen, so scheuen Sie sich nicht, bezahlte Helfer in Anspruch zu nehmen. Es gibt Karriereberater und gute Coachs. Wenn es Ihnen eher darum geht, Ihr Potenzial weiterzuentwickeln, sollten Sie sich jemand suchen, der Veränderungsprozesse begleitet und gute Kontakte zur Wirtschaft hat. Bei der Auswahl achten Sie außer auf Ihren Geldbeutel bitte vor allem auf Ihr Bauchgefühl, ob dieser Berater/Coach Sie wirklich weiterbringen kann. Denn in diesem Markt hat sich die Spreu noch nicht vom Weizen getrennt.

Genug der Theorie. Es geht immer nur um das Eine: nämlich das Tun. Wie heißt es so schön: „Es gibt nichts Gutes, außer man tut es!“

3 Die klare Strategie und ihre Umsetzung

Be-werben – werben für sich

Copyright: Gutsch-Verlag, Berlin

Jede freche Frau hat einmal klein angefangen. Doch jetzt sind Sie erwachsen und für Ihr Leben, Ihre Erfolge und Misserfolge, für das, was Sie tun, und für das, was Sie lassen, voll verantwortlich. Auffallend gute Frauen können dazu stehen, anstatt die „Schuld“ bei den anderen oder den Umständen zu suchen.

Der Markt der Bewerbungsratgeber boomt

In Zeiten, in denen es mehr Arbeitslose als offene Stellen gibt, grassiert die Existenzangst gerade bei Menschen, die über wenig gesundes Selbstvertrauen verfügen. Es boomt der Markt für Bewerbungsratgeber. Warum besteht gerade zum Thema „Bewerben“ ein nicht versiegender Informationsbedarf? Wir leben in einer Zeit, in der die Negativmeldungen in den Medien die Positivmeldungen weit übertreffen. Dazu kommt, dass immer mehr Firmen Mitarbeiter aus- statt einstellen, Arbeitsplätze ins (vermeintlich) billigere Ausland verlagert werden und es immer schwieriger wird, eine Arbeitsstelle zu bekommen. All das verunsichert uns jeden Tag aufs Neue. Dazu kommt, dass es gerade für Frauen immer noch überaus wichtig ist, die Dinge „richtig“ zu machen. Frauen haben einen großen Perfektionsanspruch an sich selbst und andere. Sie informieren sich noch umfassender als mancher Mann, wie denn was zu machen sei, bevor sie es anpacken.

Bewerbungen nach Schema F haben keine Chancen

Frauen besorgen sich Bewerbungsratgeber, die sie aufmerksam lesen. Sie denken sogar ernsthaft darüber nach, welche der vielen angebotenen Strategien sie für sich anwenden können. Und dann geschieht etwas Paradoxes: Sie verfahren nach Schema F – wie viele MitbewerberInnen im engen Stellenmarkt auch. Weshalb ist das so? Ist es zu anstrengend, etwas Eigenständiges zu erarbeiten? Vielleicht wagen sie es nicht, anders zu sein als andere, weil sie denken, dass „auffallen“ negativ besetzt ist. (Sollte das auf Sie zutreffen, beginnen Sie dieses Buch bitte wieder von vorne!) Vielleicht weil sie ein Bild von sich haben, das sie eher in ihrem Fortkommen behindert als weiter voranbringt. Und schon sitzen sie in der Falle „geklonter Bewerbungen“, deren Erfolg in diesen Zeiten mehr als unwahrscheinlich ist. Aber das hatten wir ja schon.

Mit Ihrer Bewerbung riskieren Sie jedes Mal aufs Neue, dass Sie das Unternehmen, für das Sie gerne arbeiten wollten, ablehnt. Auch als zweitplatzierte Kandidatin haben Sie die Stelle nicht bekommen. Es sei denn, der/die Favorit(in) sagt ab oder versagt während der Probezeit. Auch wenn es durchaus ein Erfolgserlebnis ist, sich gegen 300 Mitbewerber als Zweite durchgesetzt zu haben, haben Sie den Job trotzdem nicht. Allerdings sind Sie eine Erfahrung reicher und, wenn Sie offen dafür sind, haben Sie eine Erkenntnis gewonnen: Beim Bewerben ist es wie im Spiel: Sie können gewinnen – oder verlieren. Deshalb ist es immens wichtig, dass Sie wissen, was Sie wollen, was Sie können und wohin Sie in Ihrem Leben steuern. Mehr zum Thema Absagen finden Sie im Kapitel 4.

Jeder Mensch ist einzigartig

Jeder Mensch ist einzigartig und vollkommen okay so, wie er ist. Jeder Mensch hat etwas ganz Spezielles an sich oder bestimmte Fähigkeiten und Kenntnisse, die ihn für eine bestimmte Aufgabe im Leben prädestinieren (von prä = vor und destinare = bestimmen). Menschen und Unternehmen auf dem Weg zu ihrer Einzigartigkeit zu begleiten ist meine Arbeit als Coach.

Das A und O, bevor Sie loslegen

Es ist für Sie als Bewerberin unglaublich wichtig, sich Ihrer Einzigartigkeit bewusst zu sein und sie in jedem Stadium Ihrer Bewerbung ihrem Gegenüber zu vermitteln. Nämlich dadurch, dass Sie in zehn Sekunden die Antworten auf folgende Fragen parat haben:

1. Wer sind Sie?
2. Was können Sie?
3. Was wollen Sie?
4. Was bieten Sie dem Unternehmen?
5. Welches Potenzial bringen Sie mit?

Sich erst nach genauer Klärung und Beantwortung dieser Fragen gezielt und wirkungsvoll auf den Weg zum neuen Job zu machen, ist wesentlich sinnvoller, als sich mit der Einstellung „Ich brauche einen Job, egal welchen“ auf Stellenanzeigen zu stürzen, die im ersten Augenblick verlockend erscheinen. Es ist wichtig, dass Sie sich durch den ersten Teil dieses Buches gearbeitet haben, bevor Sie Ihre Bewerbung konzipieren.

Bewerben nach dem Gießkannen-Prinzip

Wenn Sie sich bei vielen Firmen und auf viele Stellen bewerben, so bedingt dies logischerweise viele Ablehnungen, denn Sie können nicht jeden Job bekommen. Pro 10 Bewerbungen sollten Sie ein bis zwei Mal zum Vorstellungsgespräch eingeladen werden. Falls dem nicht so ist, empfiehlt sich ein Besuch beim Karriereberater oder Coach, der Ihnen in wenigen Sitzungen helfen kann. Doch wenn Sie das „Bewerben nach dem Gießkannen-Prinzip“ mit sportlichem Ehrgeiz verfolgen, sollte Sie das Beispiel von Lisa ermutigen:

z.B.

Nach erfolgreichem Abschluss ihres Hochschulstudiums als Wirtschaftsingenieurin machte sich die in Bewerbungsdingen relativ unerfahrene Lisa eine Liste von 100 Unternehmen, für die sie sich vorstellen konnte zu arbeiten.
Diese Liste begann mit dem Unternehmen, für das sie am liebsten arbeiten würde. Diesem Unternehmen gab sie die Nummer 1. Lisas Liste endete mit der Zahl 100. Dieser Zahl hatte sie das Unternehmen zugeordnet, das für sie die letzte Priorität besaß. Die ersten Bewerbungen sandte Lisa an die Unternehmen, die auf ihrer Liste zwischen 80 und 100 standen. Sie bekam einige Einladungen zu Vorstellungsterminen und auch viele Absagen.
Als sie bei den Bewerbungen für die Unternehmen mit den Nummern 1 bis 10 angekommen war, hatte Lisa so viel Routine und Erfahrung im Bewerben, dass sie viele Anfangsfehler vermeiden konnte und locker auch die schwierigsten Situationen in den Vorstellungsgesprächen meisterte. Am Schluss ihres „Bewerbungsmarathons“ bekam Lisa sogar noch einen höher dotierten Job, als sie sich eigentlich vorgestellt hatte.

Lisa hatte sich folgende Strategie zurechtgelegt: Sie hatte ihr Diplom in der Tasche und konnte in Ruhe agieren. Sie war mobil und nicht an einen Ort gebunden. Sie fragte sich: Für wen will ich überhaupt arbeiten? Um das herauszufinden, befasste sie sich intensiv mit den jeweiligen Unternehmen und ihren eigenen Erwartungen an ihre Arbeitsstelle. Dadurch lernte sie viel über ihre beruflichen Bedürfnisse. Die Zielunternehmen sortierte sie je nach Priorität von 1 bis 100. Über diese Bewertung setzte sie sich mit dem jeweiligen Unternehmen auseinander, mit dessen Philosophie und ihren Aufstiegschancen als Frau in einer männerdominierten beruflichen Umwelt.
Bei der Gestaltung ihrer Unterlagen legte Lisa großen Wert auf leichte Lesbarkeit und konzentrierte sich darauf, wie sie den Personalsachbearbeitern die Arbeit erleichtern könnte. Um Erfahrung zu sammeln und vor allem um Routine im Vorstellungsgespräch zu bekommen, rollte sie ihre Lieblingsunternehmen von hinten auf. Das heißt, sie bewarb sich zuerst bei den Unternehmen, für die sie am wenigsten gerne arbeiten wollte. In den vielen telefonischen und persönlichen Bewerbungsgesprächen sammelte sie die Erfahrung, die sie brauchte, um den optimalen Job zu bekommen.
Als ich den Personalchef dieses Unternehmens befragte, was denn den Ausschlag für Lisas Einstellung gegeben hatte, bekam ich folgende Information:
Die Lockerheit und Offenheit der Bewerberin, die sich auch durch die kniffligsten Fragen nicht aus der Ruhe bringen ließ, gaben den Ausschlag für ihre Einstellung. Lisa zeigte keinerlei Scheu, wenn man ihre Äußerungen hinterfragte und sie „auf den Prüfstand stellte“. Das Verhalten im Gespräch war aufmerksam, selbstbewusst und souverän. Sie wirkte weder nervös noch unsicher und vertrat ihre Meinung klar und deutlich.
Unter dem Aspekt „Übung macht den Meister“ betrachtet, war Lisas Strategie ein absoluter Erfolg.

!

Die Basis einer erfolgreichen Bewerbungsstrategie ist, dass Sie sich über Folgendes absolut klar werden:

- ❑ Über sich selbst,
- ❑ Ihre Wünsche,
- ❑ Ihre berufliche Kompetenz,
- ❑ Ihre Karriereziele
- ❑ und den Preis, den Sie bereit sind, dafür zu zahlen.

Aus dieser persönlichen Bestandsaufnahme heraus entwickeln Sie Ihr Berufsziel, erklimmen vielleicht die nächste Stufe auf der Karriereleiter oder stellen möglicherweise fest, dass der Umstieg auf eine ganz andere Leiter Sinn macht.

Träume sind Schäume

Viele von uns bewegen sich lieber im Bereich der beruflichen Träumereien, die uns ausschließlich erfüllte Arbeitstage voller Wertschätzung und Erfolgen bescheren. Meine Damen: Das ist Ihr gutes Recht, aber bitte bedenken Sie das alte Sprichwort „Träume sind Schäume". Sie hören meistens da auf, wo es wirklich spannend wird. Genauso ist es mit dem erträumten Job. Erst ist er sehr erstrebenswert: Der nächste glorreiche Schritt auf der Karriereleiter oder gar die Krönung unserer beruflichen Laufbahn! Und stellen Sie sich vor, es klappt wirklich: Sie haben sich beworben, werden zum Vorstellungsgespräch gebeten und das persönliche Kennenlernen ist ein totaler Erfolg. Das Gespräch läuft super, jeder hat den Eindruck, alles sei bestens und ein Anstellungsvertrag wird geschlossen. Voller Begeisterung und Elan treten Sie die neue Arbeit an. Doch dann: Nach einigen Wochen hat Ihre anfängliche Euphorie sichtlich nachgelassen, Sie fühlen sich lustlos und irgendwie unzufrieden.

Leere Versprechungen

Was ist geschehen? Waren Ihre Erwartungen zu hoch? Hat sich die im Vorstellungsgespräch versprochene Eigenverantwortung als pures Lippenbekenntnis entpuppt und Sie müssen sogar die Büromaterialbestellung vom Chef genehmigen lassen? Besteht das viel gepriesene Betriebsklima aus der Gleichmacherei des Krabbenkorbs oder beruht es auf der Hierarchie des Recht-haben-Wollens? Stellen sich die angekündigten gelegentlichen Überstunden, gegen die keine engagierte Mitarbeiterin ernsthaft etwas einwenden wird, im Lauf der Zeit als permanente 60- bis 70-Stunden-Woche heraus? Das alles können Sie Ihrem Arbeitgeber zur Last legen.

Haben Sie zu viel erwartet?

Viel schlimmer ist es allerdings, wenn Sie sich selbst eingestehen müssen, dass Sie sich bei der Auswahl geirrt haben. Denn wie Einstein sagt: „Um ein tadelloses Mitglied einer Schafherde sein zu können, muss man vor allem ein Schaf sein!“ Und vielleicht sind Sie jetzt enttäuscht, weil Sie eben kein Schaf sind und Ihre traumhaften Erwartungen nicht erfüllt wurden. Der Traum ist vorbei – Sie sind aufgewacht. Guten Morgen und willkommen in der Realität!

Persönliche Realität und die Wirklichkeit

Jeder Mensch hat seine eigene Realität. Das heißt, man nimmt die Dinge subjektiv wahr und bewertet nach seinen eigenen Erfahrungen und Sichtweisen. Aus diesen Interpretationen baut man sich seine eigene Wirklichkeit. Am deutlichsten wird das, wenn Sie mit dem besten aller Männer oder mit Ihrer Freundin einen Film ansehen. Wenn Sie sich anschließend über den Inhalt austauschen, sind Sie dann noch der Meinung, denselben Film gesehen zu haben?

Es ist unglaublich schwierig, die Dinge so zu sehen, wie sie sind – also weder zu bewerten noch zu interpretieren, was sie bedeuten könnten. „Das Denken ist so unsäglich schwer, dass viele es vorziehen, zu urteilen“, hat Ortega y Gasset gesagt und er hatte Recht. Wenn Sie die Herausforderung des Denkens meistern, werden Sie den Bewerbungsmarathon leichter durchstehen. Es ist zutiefst menschlich, dass wir allem, was uns passiert, eine Bedeutung geben, deshalb hier eine Hilfestellung zur Sachlichkeit:

- ❑ Zuhören: Was genau ist gesagt worden?
- ❑ Verstehen: Was habe ich verstanden?
- ❑ Klären: Habe ich es richtig verstanden?
- ❑ Umsetzen: Was soll/muss/darf ich tun?

Mit Emotionen werben!

Werbung läuft über die emotionale Schiene. Das ist beim Bewerben ähnlich. Nicht nur Sie haben Hoffnungen, wenn Sie Ihre Unterlagen wegschicken. Auch das Unternehmen knüpft Erwartungen an die neue Stellenbesetzung, die über die Fachkompetenz hinausgehen. Und manchmal kommt beim Unternehmen eben mehr an als nur Papier.

Ulrike war 36 und befand sich in einer schwierigen Situation: Sie arbeitete für ein Unternehmen, dessen Geschäfte zunehmend schlechter liefen, und sie wusste, dass es höchste Zeit für sie war, sich eine neue Stelle als Bilanzbuchhalterin zu suchen. Leider gab es in ihrer Stadt keine offenen Stellen und Ulrike wollte nicht wegziehen. Sie überlegte, welche Firma ihr einen relativ sicheren Arbeitsplatz für die Zukunft bieten könnte, und da erschien ihr ein Großunternehmen wie der örtliche Nahrungsmittelkonzern optimal. Leider gab es aber auch dort keine Vakanz in der Buchhaltung. Ulrike war klar, dass nur eine „auffallende" Initiativbewerbung in Betracht käme, an die man sich immer positiv erinnern würde. Vor allem dann, wenn eine adäquate Stelle im Unternehmen frei würde. Ulrikes Hobby war, Spanschachteln zu gestalten. Sie brachte den Geschmack der Konzern-Personalleiterin in Erfahrung, kaufte eine größere Spanschachtel und bemalte sie so, wie sie der Personalleiterin gefallen könnte. Für Anschreiben und Lebenslauf verwendete außergewöhnlich schweres Papier. Sogar ihre Zeugnisse und Referenzen kopierte sie darauf. Alles zusammen schickte sie verpackt in der selbst bemalten Spanschachtel an die Personalleiterin.

Als die Personalchefin auf ihrem Schreibtisch die ansprechend dekorierte Holzschachtel mit Geschenkanhänger fand, auf dem ihr eigener Name stand, öffnete sie sie erwartungsvoll. Sie war sehr erstaunt, denn der Inhalt waren keine Pralinen, sondern Ulrikes Bewerbung als Bilanzbuchhalterin. Neugierig las die Personalleiterin die erstklassigen Referenzen und lud Ulrike zum Vorstellungsgespräch ein, obwohl es derzeit keine offene Stelle in der Finanzabteilung gab. Ulrike hinterließ im Gespräch einen sehr kompetenten Eindruck und ihre Art entsprach dem Bild, das sie mit ihrer Bewerbung vermittelt hatte. Die Personalleiterin merkte sich die Bewerberin für die nächste frei werdende Stelle als Bilanzbuchhalterin vor und innerhalb von sechs Monaten war es dann soweit – Ulrike wurde eingestellt.

Schwerpunkte setzen!

Hannelore Leimer, erfolgreiche Unternehmerin und seit zehn Jahren Präsidentin der Industrie- und Handelskammer (IHK) Augsburg und Schwaben, gibt frechen Frauen Folgendes mit auf den Weg: „Frauen können mehr, als sie glauben – sie brauchen einfach mehr Mut zu sich selber. Sie sollten sich konsequenter fokussieren und das Ziel trotz Umwegen nicht aus den Augen verlieren. Wenn sie beruflich hundertprozentigen Einsatz bringen wollen oder müssen, können sie eben nicht noch im Tennisclub brillieren oder den Kuchenback-Wettbewerb gewinnen. Begeben Sie sich dahin, wo die Macher sind – und das sind eben noch die Männer. Erleben Sie die Faszination, die von dieser männerdominierten Welt ausgeht, und lernen Sie, darin zu agieren. Es geht darum, was man im Kopf hat, und die Verpackung ist sekundär. Frauen stehen mehr in der Mitte. Dadurch bewegen sie mehr und haben den Überblick über das Ganze. Männer stehen an der Spitze, gehen vorneweg und sehen manchmal nicht, was hinten passiert. Frauen müssen sich Gedanken machen, was sie wollen und wie sie's wollen. Sie sollen weniger emotional mit dem Kopf durch die Wand gehen, sondern mehr strategisch denken, bevor sie etwas tun."

Ähnliches gab auch Birgit Gantz-Rathmann zu Protokoll, als ich sie fragte, wie sie es geschafft habe, sich durchzusetzen. Ihre Flexibilität, Ihre Neugier und die Fähigkeit, Chancen zu erkennen und zu ergreifen, haben ihr auf ihrem Karriereweg sehr geholfen. Frauen sollten sich weniger hinterfragen und mehr Unterstützung in Netzwerken suchen, weniger am Arbeitsplatz. Sie wünscht Frauen mehr Hartnäckigkeit und Kreativität darin, das zu bekommen, was sie wollen – auf eine Art und Weise, die beiden Parteien das Gefühl gibt, gewonnen zu haben. Humor und Charme sind ebenfalls zwei wichtige Erfolgsfaktoren.
Das sind doch relativ leicht umsetzbare Anregungen! Wenn Sie die Basisarbeit in den vorhergehenden Kapiteln geleistet haben mit dem festen Willen, etwas zu verändern – dann liegt das Spannendste vor Ihnen!

Darauf sollten Sie achten:

- ❑ Seien Sie kritisch und ehrlich! Auch oder vor allem sich selbst gegenüber.
- ❑ Seien Sie clever und ein bisschen frech.
- ❑ Vermeiden Sie saft- und kraftlose Frauensprache oder Phrasendrescherei.
- ❑ Und wenn es Ihnen gefällt: Fallen Sie aus dem Rahmen – fallen Sie auf!

Telefonische Kontaktaufnahme und Kurz-Bewerbung

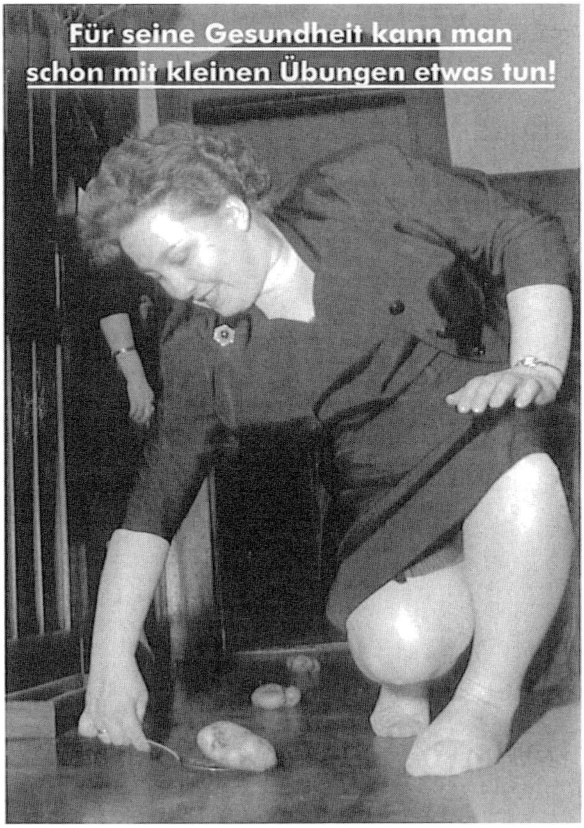

Copyright: Gutsch-Verlag, Berlin

Gerade am Telefon können Sie die Werbetrommel wirkungsvoll rühren! An eine sympathische Stimme wird man sich ebenso gerne erinnern wie an ein angenehmes Telefonat. Über Ihre Stimme und Ihr Telefonverhalten bekommt Ihr Gesprächspartner einen ersten Eindruck von Ihnen – einen, den Sie bewusst steuern können!

Bereits bei den Nachfragen zum Thema Stellenangebote (siehe Seite 106) oder bei der Recherche nach dem richtigen Ansprechpartner für Ihre Initiativbewerbung können Sie eine Minibewerbung am Telefon starten. Bei Initiativbewerbungen lässt sich bereits im Vorfeld abklären, ob es im Unternehmen überhaupt Stellen gibt, die für Sie interessant sind, und ob eventuell gerade eine Neubesetzung ansteht. Vor allem können Sie zusätzliche Informationen abfragen und einen ersten Eindruck vom Unternehmen gewinnen.

Gute Vorbereitung ist wichtig

Telefonische Bewerbungen setzen eine exzellente Vorbereitung voraus. Sie müssen sich vorher genau überlegen, wie Sie sich am besten darstellen und was Sie sagen wollen. Denken Sie im Vorfeld darüber nach, wie Sie mit Gesprächshindernissen umgehen: Zum Beispiel wenn Ihr Gesprächspartner keine Zeit hat, abgelenkt ist und Ihnen nicht zuhört oder ungehalten ist, weil ihn das klingelnde Telefon aus genialen Gedankengängen gerissen hat. Als Anruferin wissen Sie selten, in welcher Situation sich der Angerufene befindet und ob Ihr Anruf eher als störend denn als angenehm empfunden wird. Deshalb nennen Sie zuerst deutlich Ihren Namen und fragen Sie, ob Sie gerade stören. Das ist das mindeste Gebot der Höflichkeit!

Der Gesprächsleitfaden

Ein ausführlicher Gesprächsleitfaden hilft Ihnen, Ihr Anliegen kurz und prägnant zu vermitteln.

Checkliste: Die wichtigsten zehn Punkte, bevor Sie zum Hörer greifen

1. Bei Initiativbewerbungen: Wer sind Sie und für welche Position(en) interessieren Sie sich?
2. Bei Stellenausschreibungen: die Kurzbezeichnung oder die Stelle, für die Sie sich bewerben
3. Ihre Qualifikation: die für diesen Job wichtigste und bitte so präzise wie möglich! Legen Sie sich Ihren Lebenslauf zurecht, damit Sie für gezielte Fragen gewappnet sind.
4. Warum Sie sich für diese Position/dieses Unternehmen interessieren: Eine oder zwei knackige Aussagen genügen. Sie sollen nur auf Ihre Bewerbung neugierig machen.
5. Welchen Nutzen könnte das Unternehmen davon haben, wenn es Sie einstellt? Falls Sie das noch nicht einschätzen können, sollten Sie auf Ihre Stärken zurückgreifen oder fragen, worauf man bei neuen Mitarbeiterinnen den größten Wert legt.
6. Wann könnten Sie eine neue Stelle anfangen? Wenn dringender Bedarf besteht, greift oft der Grundsatz: Wer zuerst kommt, mahlt zuerst.
7. Wie viel möchten Sie verdienen? Diese Frage ist schwierig, denn die Haltung „Erst soll der Mitarbeiter zeigen, was er wert ist, und dann reden wir übers Gehalt" ist weit verbreitet. Wenn Sie aber ein bestimmtes Einkommen erzielen müssen und davon Ihre Bewerbung abhängig machen, sagen Sie das im Gespräch am besten ganz offen. Im Allgemeinen wird diese Haltung akzeptiert.
8. Was wollen Sie mit diesem Anruf erreichen? Möchten Sie wissen, ob es Sinn macht, Ihre Bewerbungsunterlagen zu schicken, oder wollen Sie eruieren, ob eine ausgeschriebene Position für Sie passt?
9. Wie ist das weitere Vorgehen? Müssen Sie später nochmals anrufen, werden Sie zurückgerufen, sollen Sie die Bewerbungsunterlagen schicken? Wenn ja, an wen?
10. Jedes Gespräch endet mit einem herzlichen „Dankeschön" Ihrerseits!

So stimmen Sie sich ein

Erfolgreiche Anrufe setzen eine angenehme Telefonstimme, eine gewisse Flexibilität im Gespräch und sanfte Beharrlichkeit voraus. Der Anrufer hört nur Ihre Stimme und Sie müssen schnell auf unvorhergesehene Situationen reagieren können.
Wenn Sie beim Telefonieren unsicher sind, versuchen Sie das bitte nicht durch aufgesetzte Forschheit zu kaschieren. Ihre gepresste oder vibrierende Stimme und Stimmlage verraten Sie sofort.

Atmen Sie sich ruhig!

Sie können Ihre Stimme auf Erfolg einstimmen, bevor Sie zum Hörer greifen. Das fängt mit Atemübungen an, denn die Voraussetzung für eine angenehme, voll klingende Stimme ist richtiges Atmen. Naomi Isaacs, Gesangsbildnerin und Coach, weiß, dass Atemübungen ein gutes Gegenmittel bei Nervosität und Anspannung sind. Zum einen erfordern sie Konzentration, so dass wir nicht an das denken, was uns stresst. Zum anderen aber sorgen sie für einen leicht erhöhten Sauerstoff/CO_2-Austausch, was uns körperlich sehr stabilisieren kann.
Es hat sich herausgestellt, dass es mehr als eine „richtige“ Atmung gibt. Seit ca. 60 Jahren existieren neue Erkenntnisse, nach denen es tatsächlich zwei verschiedene Grund-Atemmuster gibt: Die einen atmen in erster Linie mit dem Bauch, die anderen mit dem Brustkorb – und beide Atmungen können richtig sein. Deshalb hat Naomi Isaacs zwei Atemübungen – eine für „Bauchatmer“ und eine für „Brustatmer“ – zusammengestellt, die stabilisieren helfen. Und wenn Sie nicht wissen, welcher Typ Sie sind, probieren Sie einfach beide Übungen aus und entscheiden Sie danach, welche der beiden Varianten die positivere Wirkung für Sie hat.

Für Bauchatmer:

- ❏ Sitzen Sie aufrecht am Stuhlrand, mit den Füßen in einer „gehenden" Position, so dass Ihnen das Aufstehen sehr leicht fällt.
- ❏ Ohne vorher extra einzuatmen, pusten Sie die ganze Luft aus dem Mund und stehen dabei energisch auf – so wie eine Rakete, die in die Luft schießt. Die Arme bleiben unbeteiligt.
- ❏ Wenn die ganze Luft verpustet ist, entspannen Sie sich und setzen sich dabei wieder auf den Stuhl. Durch die Nase strömt die Luft wieder ein. Achtung, nicht nach Luft schnappen!

Machen Sie diese Übung mindestens zehn Mal, wobei das Aufstehen ca. zwei Sekunden, das Wiederhinsetzen ca. eine Sekunde dauert. Wenn Ihnen diese Atmung gut bekommt, können Sie die Aufsteh-/Pustphase etwas langsamer gestalten, was eine noch tiefere Atmung erlaubt.

Für Brustatmer:

- ❏ Sitzen Sie aufrecht am Stuhlrand, mit den Füßen in einer „gehenden" Position, so dass das Aufstehen sehr leicht fällt. Die Arme hängen herunter.
- ❏ Atmen Sie kräftig durch die Nase ein, breiten Sie Ihre durchgestreckten Arme mit nach außen gerichteten Handflächen zur Seite aus und bringen Sie sie über dem Kopf zusammen. Handfläche an Handfläche. Stehen Sie dabei auf. (Sie können sich vorstellen, dass die Luft in den sich dehnenden Brustkorb hineinströmt und Sie wie ein Ballon vom Stuhl abheben.)
- ❏ Drehen Sie die Hände auf die Handrücken. Machen Sie den Mund ganz weit auf, wie beim Gähnen. Senken Sie die immer noch gestreckten Arme langsam wieder seitlich ab. Setzen Sie sich langsam wieder hin und lassen Sie dabei die Luft hinausströmen. Nicht auspusten – man soll keine Ausatmung hören.

Warten Sie einen Moment, bis der Körper „sich normalisiert" hat. Wiederholen Sie die Übung mindestens zehn Mal und beobachten Sie die Wirkung auf Ihr Befinden. Für diese Atmung soll jeder seinen eigenen Rhythmus finden.

Bitte denken Sie bei beiden Atemübungen daran, dass es sich nicht um eine Leistung, sondern um etwas handelt, das Ihnen gut tun soll. Den Blick nach innen zu richten und zu beobachten, wie der eigene Körper auf diese Übungen reagiert, kann gleichzeitig sehr beruhigend und auch sehr belebend sein. Wenn Sie mehr über Atmung und Stimme wissen möchten, wenden Sie sich bitte direkt an Naomi Isaacs unter www.naomi-isaacs.com.

Telefon-Etikette

Sie setzen sich vom Gros der Anruferinnen positiv ab, wenn Sie sich an die Grundsätze der Telefon-Etikette halten.

Checkliste: Die zehn Gebote der Telefon-Etikette

1. Erstellen Sie einen Gesprächsleitfaden, bevor Sie den Hörer in die Hand nehmen. Überlegen Sie sich genau, was Sie mit Ihrem Anruf erreichen möchten. Die Bandbreite reicht vom ersten guten Eindruck über „auf sich neugierig machen" bis hin zum Sammeln von Informationen. Stimmen Sie sich mental darauf ein, wie ein positiver Gesprächsabschluss für Sie aussieht; damit Sie das Resultat erreichen, das Sie sich vorgenommen haben. Es kann sein, dass Sie gebeten werden wollen, Ihre Bewerbungsmappe zu schicken, oder dass man Sie gleich zum Vorstellungsgespräch einlädt. Mit diesem mentalen Bild versetzen Sie sich in eine positive Grundhaltung, um dieses Telefonat zu führen.

2. Um Ihre Nervosität zu reduzieren, atmen Sie wie oben beschrieben. Spüren Sie, wie Sie ruhiger werden und sich Ihr Zwerchfell hebt und senkt. Wenn Ihre Stimme aus dem Bauch kommt, anstatt kopflastig zu piepsen, haben Sie Ihre optimale Stimmlage erreicht und können gelassen zum Hörer greifen.
3. Während Sie die Nummer wählen, vergegenwärtigen Sie sich nochmals das Bild Ihrer Zielerreichung und lassen Sie dabei ein Lächeln zu.
4. Mit diesem Lächeln in der Stimme empfangen Sie Ihren Telefonpartner und beginnen das Telefonat mit „Guten Tag, mein Name ist ... Ich rufe an, um mich über die inserierte Stelle eines ... zu erkundigen. Störe ich gerade?“. Wenn eine freundliche Stimme am Telefon ist, werden Sie selten unwirsch abgefertigt, auch wenn Sie gerade stören.
5. Fahren Sie alle Antennen aus, um zu erspüren, in welcher Situation der Angerufene gerade steckt. Falls Sie im Moment stören sollten, so ist es angebracht zu fragen, wann Sie sich wieder melden können, um Ihr Anliegen zu besprechen. Wenn Ihnen ein genauer Zeitpunkt genannt wird, so halten Sie diesen bitte ein. Personalreferenten haben viele Besprechungen und sitzen selten stundenlang an ihrem Platz. Haben Sie also Verständnis, wenn ein Telefonat nicht gleich beim ersten oder zweiten Anlauf zustande kommt.
6. Formulieren Sie Ihre Fragen knapp und präzise! Siehe hierzu Gesprächsleitfaden auf Seite 133. Diese Liste sollten Sie sich für jedes Telefonat neben das Telefon legen und die Antworten gleich notieren, damit Sie nichts vergessen. So verschwenden Sie keine Zeit mit unnötigen Fragen und wirken professionell.

7. Wenn Sie nicht alle Informationen in diesem Gespräch bekommen können, vereinbaren Sie entweder einen neuen Telefontermin oder Sie schicken Ihre kompletten Bewerbungsunterlagen per Post an Ihren Ansprechpartner, wo sie spätestens drei Tage nach dem Telefonat eingehen sollten. Den Namen des zuständigen Ansprechpartners lassen Sie sich am besten buchstabieren, denn nichts ist so peinlich wie jemand mit falschem Namen anzusprechen.
8. Fragen Sie Ihren Gesprächspartner, ob Sie sich auf dieses Gespräch beziehen können. Gehen Sie davon aus, dass er sich bei der Vielzahl eingehender Anrufe nicht jedes Gespräch merken kann.
9. Halten Sie, was Sie versprechen! Ob man Sie bittet, nochmals zu einem bestimmten Zeitpunkt anzurufen, oder Ihnen ein Telefoninterview anbietet: Halten Sie diese Zeiten ein. Sollte Ihnen dies nicht möglich sein, geben Sie rechtzeitig Bescheid und vereinbaren Sie einen neuen Termin.
10. Bedanken Sie sich für jedes Gespräch! Auch und vor allem dann, wenn es in Ihren Augen negativ verlaufen ist. Sie können sich in solchen Situationen mit ehrlicher Freundlichkeit ein kleines „Hintertürchen“ offen halten und später wieder einmal anrufen.

So sind Sie gut vorbereitet

1. Enthält Ihr Gesprächsleitfaden alles Notwendige?
2. Haben Sie alle Hindernisse, die auftauchen können, gedanklich durchgespielt?
3. Sind Sie positiv auf dieses Gespräch eingestimmt?
4. Sind Störungen ausgeschlossen?
5. Reichen der Akku Ihres Handys oder das Guthaben auf Ihrer Telefonkarte noch für ein langes Telefonat?

!

Führen Sie keine Bewerbungsgespräche, wenn Sie gestört werden könnten! Es ist schlechter Stil, sich vom Telefon des derzeitigen Arbeitgebers aus bei einer anderen Firma zu bewerben!

Ihre Bewerbungsmappe

Copyright: Gutsch-Verlag, Berlin

Die Mappe an sich ist das Outfit für diese wichtigen Unterlagen. Dieses Outfit sollte ebenso sorgfältig ausgewählt werden wie Ihre Kleidung für das Vorstellungsgespräch. Ebenso wie dieses lässt die Bewerbungsmappe Rückschlüsse auf Ihre Persönlichkeit und Professionalität zu.

In Ihre Bewerbungsmappe gehören Ihr Lebenslauf sowie Zeugnisse und Referenzen. Dem persönlichen Anschreiben, dem wichtigsten Kriterium einer erfolgreichen Bewerbung, ist ein eigenes Kapitel gewidmet. Es liegt auch nicht in der Bewerbungsmappe, sondern ist der Begleitbrief dazu.

Breiten Sie sich nicht zu sehr aus!

Gerne verwendet werden die schönen, teuren, dreiteilig gegliederten Mappen aus geprägtem Karton mit dem Schriftzug „Bewerbungsmappe“ auf der Vorderseite. Man öffnet je eine ausklappbare Seite nach rechts und nach links. Diese haben Ausstanzungen, in denen man Seite 1 und Seite 2 des Lebenslaufs befestigen kann. Wenn die beiden Umschlagseiten geöffnet sind, findet man im Inneren eine Klemmschiene für die Zeugnisse und Referenzen. Aufgeklappt nehmen diese Mappen den Platz von drei (!) DIN-A4-Blättern ein. Wer weiß, wie es auf Schreibtischen aussieht, wenn stapelweise Bewerbungen eingegangen sind, den erfüllt bei diesem Platzbedarf das kalte Grausen! Jeder Personaler – und auch Ihr Geldbeutel – werden Ihnen für eine ökonomischere Variante dankbar sein! Eine Vielfalt von Bewerbungsmappen finden Sie im Internet unter www.bewerbungsmappen.de.

Gestalten Sie Ihre eigene Bewerbungsmappe! Kaufen Sie im Schreibwarenhandel etwas dickere Klarsichtfolie (für zuoberst) und einen stabilen Fotokarton, eventuell in Farbe (für zuunterst), und eine farblich abgestimmte Klemmschiene. Zwischen die Klarsichtfolie und den Fotokarton legen Sie Ihre Bewerbungsunterlagen. Das Ganze heften Sie an der linken Seite zusammen, ziehen die Klemmschiene drüber – fertig!

Wenn Sie sich nach dem Gießkannen-Prinzip bewerben, können Sie Ihre Bewerbungsunterlagen im Copyshop binden lassen. Das kann eine Spiralbindung oder Leinenheftung sein. Allerdings lohnt sich das nur für große Auflagen und ist nur dann sinnvoll, wenn Sie immer die gleiche Mappe mit dem gleichen Inhalt verschicken.

Bei manchen Bewerbungen ist es sinnvoll, eine „abgespeckte" Variante zu verschicken. Vor allem bei Online- oder Initiativbewerbungen. Bei diesen sollten die einzelnen Jobstationen im Lebenslauf etwas ausführlicher dargestellt werden. Dafür werden weniger Unterlagen angehängt. Im Anschreiben bieten Sie an, diese Unterlagen auf Wunsch gerne nachzureichen.

Checkliste: Darauf sollten Sie achten

- ❑ Ist die Mappe einfach zu öffnen und zu handhaben? Keiner will sich die Fingernägel ruinieren, um an die Unterlagen zu kommen!
- ❑ Wie oft muss geblättert werden, bis man an die Unterlagen kommt? Wenn 200 Bewerbungen gesichtet werden müssen, ist der Personaler um jede gesparte Sekunde froh!
- ❑ Ist der Inhalt übersichtlich präsentiert?
- ❑ Ist die Mappe Ihrer Bewerbung angemessen? Vermeiden Sie „Prunkbewerbungen", die Sie in den Ruch bringen, mehr zu scheinen als zu sein.

Inhalt und Reihenfolge

Die Unterlagen müssen absolut sauber sein – also ohne Kopierflecken, verwischte Tonertinte oder gar Fettflecken. Der Lebenslauf liegt obenauf, dahinter folgen die Zeugnisse und Referenzen, immer das Neueste zuoberst. Schulabschlusszeugnisse und Diplome kommen in der gleichen Reihenfolge ganz zum Schluss. Wenn Sie auf ein erfülltes Arbeitsleben mit vielen

Fortbildungen zurückblicken, empfiehlt es sich, Trennblätter zu verwenden. Diese sollten Sie beschriften: Ein Trennblatt „Zeugnisse", ein Trennblatt „Studium, Schul- und Weiterbildung" und falls nötig ein Trennblatt mit „Zusatzinformationen". Unter Zusatzinformationen verstehe ich Zertifikate und Preisurkunden für etwas, das nicht zu den beiden oberen Kategorien gehört, zum Beispiel Ihr ehrenamtliches Engagement. Sie können hier auch Zeitungsberichte mitschicken, auf die Sie besonders stolz sind und die Sie im besten Licht als Mitarbeiterin erscheinen lassen. Auf Profilneurosen werden freche Frauen selbstverständlich verzichten.

Bitte abspecken!

Manche Leute erzählen mir voller Stolz, dass sie eine besonders umfangreiche Bewerbungsmappe haben. Das ist zwar toll, wenn so viel berufliches Know-how vorhanden ist, aber nur die für den angestrebten Job relevanten Unterlagen sollten in der Bewerbungsmappe ihren Platz finden. Man sagt maximal 15 Seiten plus Lebenslauf. Falls nötig, verordnen Sie Ihrer Mappe dringend eine Reduktionskur!

Arbeitsproben

Für schreibende und gestaltende Berufe ist es normal, eine oder mehrere Arbeitsproben beizufügen. Eine witzige Art, dies zu tun, sehen Sie am Beispiel von Katharina:

z.B

Katharina will für ein international bekanntes Bekleidungsunternehmen als Zwischenmeisterin arbeiten. Um mit ihrer Initiativbewerbung Aufsehen zu erregen, hat sie folgende Idee: Statt in eine der üblichen Bewerbungsmappen verpackt Katharina ihre Bewerbungsunterlagen in ein selbst geschneidertes Miniaturhemd, das die Produkt- und Designphilosophie des potenziellen Arbeitgebers widerspiegelt. Dazu hat sie zuvor telefonisch und im Internet recherchiert. Der Personalchef war sehr beeindruckt von der kreativen Bewerbung und sprach daraufhin mit dem Fachverantwortlichen. Man hatte zwar keine Stelle frei, doch überzeugten die Qualität und das Design der Arbeitsprobe, woraufhin man Katharina zum Gespräch bat. Und nun der Clou: Katharina trägt zum Vorstellungsgespräch das gleiche Hemd – in ihrer Größe natürlich –, in das sie vorher ihre Unterlagen verpackt hatte. Nach etwas Verblüffung und Amüsement wurde sie eingestellt. Überzesugt haben zum einen ihre Kreativität und Umsetzungsfähigkeit und zum anderen, weil Katharinas witzige, kreative Persönlichkeit mit gutem Fachwissen zum Unternehmen passte. Dessen Mitarbeiter sind multinational und als Unternehmen in der Modeindustrie müssen sie immer innovativ sein. Klar, Katharina bekommt die Position.

Achten Sie bei der Bewerbungsmappe darauf, dass sie der angestrebten Position entsprechend aufgemacht ist. Ordentlich und verständlich sortiert muss sie auf jeden Fall sein. Wenn Sie möchten, können Sie mit einer individuell gestalteten Bewerbungsmappe auffallen – doch sollte sie bei allem Individualismus immer noch professionell wirken!

- ❏ Inhalt: Lebenslauf mit Foto im Original, Kopien Ihrer Zeugnisse und Referenzen.
- ❏ Reihenfolge: Lebenslauf, Arbeitszeugnisse, Diplome und Zeugnisse, Sonstiges.
- ❏ Qualifikationsprofil: Das Sahnehäubchen, wenn Sie sich auf Stellenanzeigen bewerben! Es liegt vor dem Lebenslauf.
- ❏ Endkontrolle: Ist das Erscheinungsbild sauber und ordentlich? Haben Sie an alles Wichtige gedacht und Unwichtiges weggelassen?

Ihr Lebenslauf

Copyright: Gutsch-Verlag, Berlin

Es gibt viele Varianten, wie ein Lebenslauf aufbereitet werden kann. Wenn Sie diverse Bewerbungsbücher durchgeackert haben, werden Sie feststellen, dass kaum einer der Autoren einem bestimmten Schema folgt. Deshalb möchte ich Ihnen hier auch nur einige Vorschläge machen. Ich bin der Meinung, dass der Lebenslauf ansprechend gestaltet und logisch strukturiert sein sollte. Allgemein gültig ist der tabellarische Lebenslauf. Wichtig ist, dass der Empfänger die für ihn wichtigsten Daten an allererster Stelle findet. Wenn also auf bestimmte Qualifikationen Wert gelegt wird, dann sollten diese auf dem Deckblatt stehen.
Unter Ihren Adressdaten und Ihrem Foto können Sie auf Ihre Kenntnisse, Erfahrungen und Eigenschaften eingehen. Sie können dieses Blatt so anordnen, dass es ansprechend und übersichtlich wirkt.

Augustine Augustus

Augustusweg 3
12345 Augsburg

Telefon: 0821-123456
Mobil: 0123-1234456
E-Mail: augustine@aug.com

geboren am 01.01.1976 in Augusta, USA
deutsch
verheiratet, keine Kinder

Kenntnisse, Erfahrungen, Eigenschaften

Projektentwicklungen
Vertriebsunterstützung
Präsentation, Gestaltung, Marketing
Kalkulation und Budgetierung
Verhandlungs- und Gesprächsführung

selbstständiges und eigenverantwortliches Arbeiten
zielstrebig und umsetzungsstark
begeisterungsfähig und kommunikationsorientiert
kooperativer Führungsstil
praxiserprobt, humorvoll

Seite 1 von 1

Lügen erlaubt?

Lügen haben kurze Beine

Im Laufe meiner Recherchen wurde mir immer wieder gesagt, dass selten so viel gelogen wird wie in Lebensläufen. Das Düsseldorfer Detektiv-Institut Kocks hat eine Studie erstellt, der 5000 Bewerbungsmappen zugrunde lagen. Das Ergebnis: 30% der Kandidaten hatten gemogelt – dazu gehörten neben den „kleinen Schönheitskorrekturen" auch gefälschte Zeugnisse und illegal geführte Titel. Lügen haben kurze Beine, heißt es, und wer in betrügerischer Absicht seinen Arbeitgeber täuscht, muss mit einer fristlosen Kündigung rechnen – mindestens! Denn der Arbeitgeber kann Teile des ausgezahlten Gehalts und die bezahlten Sozialabgaben zurückfordern oder Schadenersatz verlangen. Urkundenfälschung schlägt mit bis zu fünf Jahren Freiheitsstrafe zu Buche. Wenn Sie das Thema weiterverfolgen möchten, finden Sie Literaturempfehlungen im Literaturverzeichnis. Nicht lügen sollten Sie beim Gehalt und wie lange Sie wo gearbeitet haben.

Meine persönliche Meinung ist, dass Sie den Lauf Ihres beruflichen Lebens nicht durch Lügen beschönigen müssen, sondern dass Sie zu dem stehen können, was Sie getan und gelassen haben.

Übergänge und Lücken

Interessant sind für den Einstellenden immer die Übergänge von einem Job zum anderen, zum Beispiel warum gewechselt wurde, und natürlich eventuelle Lücken. Je länger die mögliche Arbeitslosigkeit gedauert hat, umso kritischer werden die Fragen, auf die Sie sich gut vorbereiten sollten. Dazu mehr im Abschnitt „Das Vorstellungsgespräch" ab Seite 178. Um unbequeme Fragen zu entschärfen, können Sie bereits im Lebenslauf angeben, warum Sie gewechselt haben (zum Beispiel Umzug, Ansprache durch externe Personalberatung, oder berufliche Weiterentwicklungsmöglichkeit), oder weshalb Sie im Lebenslauf eine

Lücke haben, in einem Satz erläutern. Wenn Sie mehr Platz haben, dann geben Sie die hierbei erworbenen Fähigkeiten, Kenntnisse und Stärken ebenfalls an. Eine dreimonatige Auszeit in Mallorca nach einem besonders stressigen Jobkapitel kann man durchaus zugeben und erklären. Wenn Sie zum Beispiel gekellnert haben, dann können Sie schnell denken, den Überblick auch in hektischen „Mein Bus geht gleich"-Situationen bewahren und gut Kopfrechnen. Wenn Sie sich nur am Strand geaalt haben, haben Sie ja dabei eventuell Spanisch gelernt …

Foto

In Deutschland ist es üblich, dem Lebenslauf ein Foto beizufügen. Selbstverständlich sollte dies ein professionelles Bewerbungsfoto sein. Urlaubsfotos oder sonstige privaten Schnappschüsse sind bei aller Frechheit tabu. Es sei denn, Sie bewerben sich für den Job einer privaten Reisebegleiterin mit Zusatzaufgaben. Dann sollten Sie darauf achten, die gewünschten Eigenschaften visuell bestmöglich darzustellen. Jedes Bewerbungsfoto sollte Ihrem aktuellen Aussehen entsprechen.

Länge

Die Länge des Lebenslaufs wird von Personalern ambivalent beurteilt. Manche sagen: „Bitte nicht länger als zwei Seiten" – manche sind der Meinung, dass die Länge zweitrangig sei, Hauptsache man können schnell erfassen, welche Kenntnisse und Erfahrungen die Bewerberin mitbringt. Wichtig sind in jedem Fall eine leichte Lesbarkeit und eine präzise Ausdrucksweise. Unternehmensinterne Abkürzungen sind ebenso out wie absolutes Fachchinesisch. Wenn Sie sich für eine Position in der Logistik bewerben, dann sollten Sie in Ihrem Lebenslauf die Qualifikation und Kenntnisse hervorheben, die Sie und Ihr potenzieller Arbeitgeber als wichtig erachten. Es macht also Sinn, den Lebenslauf den jeweiligen Stellenanforderungen anzupassen, wobei auf Übersichtlichkeit der größte Wert gelegt wird.

Lebenslauf eines Berufsanfängers

Persönliche Daten
Bettina Wunderbar
Wunderstrasse 35
56473 Wunderhausen
Telefon: 0215-268446
Mobil: 0170-123 4567
eMail: bwunder@web.de

Geburtsdatum
01.01.1977, Wunderhausen

Studium	
11/1997 - 11/2003	Universität Wunderhausen, Betriebswirtschaft
Schwerpunkte:	**Marketing: Note 1,7** Diplomarbeit Wunder im Bereich Wissenschaft" Note 1,7 (cum laude)
Abschluss:	**Diplom-Kauffrau 11/03**
09/2001 – 03/2002	Auslandssemester, Universidad de Valencia
09/1995 - 05/1997	Abitur: Note 1,7, Gymnasium Wunderhausen
Praktische Tätigkeiten	
03/2004 – 08/2004	Juniorberatung in Wunder-Werbung, Bloxberg
08/2003 – 02/2004	Organisation und Durchführung aller Promotionaktivitäten für das Veranstaltungszentrum Wunderhausen
07/2002 - 10/2002	Diplomandenstelle im Marketing, Bereich New Business der Maier-Huber GmbH, Stillheim
02/2002 - 03/2002	Praktikum Marketing in Barcelona, Spanien
02/2001 - 05/2001	Praktikum im Bereich Management-Consulting: Teilzeitarbeit im Bereich Marketing und PR für Schokoladentraum, Wunderhausen
08/1998 - 10/1998	Orientierungspraktikum bei Schokoswiss, Zürich
Fremdsprachen	Englisch und Spanisch fließend
Außeruniversitäre Aktivitäten	
1997 - 1998	Universität Wunderhausen, AIESEC
Interessen und Hobbys	Fremde Kulturen, Reisen, Skifahren, Fitness

Datum und Unterschrift

Wenn Sie kundenfreundlich denken und sich mit dem Qualifikationsprofil auf ein Stellenangebot bewerben, können Sie auf diesen Kurzlebenslauf zurückgreifen:

Kurzlebenslauf

Beispiel für einen Kurzlebenslauf

Straße
PLZ Ort
Telefon
Telefax

LEBENSLAUF

Name des Bewerbers

ZUR PERSON:	Geboren am / in
	Familienstand, Anzahl Kinder
SCHULE / AUSBILDUNG:	Schulabschluß, Wann / wo / wie (z.B. Abitur)
	von / bis Ausbildung zum mit Abschluß IHK
	von / bis Studium mit Diplom
BERUFLICHE FORTBILDUNG:	z. B. Sprachdiplome, EDV - Kurse
	sonstige berufsbezogene Seminare
	evtl. Spezialkenntnisse, die erworben wurden
SPRACHEN:	welche, wie gut, wo erlernt (z.B. Auslandsaufenthalt)

... / Seite 2

Name des Bewerbers und Kontaktdaten

Seite 2

BERUFSWEG:

Beispiel:

seit 07/2001	Firma ABC, 88888 Musterstadt Tätigkeitsbezeichnung, Tätigkeitsbereich Kurzbeschreibung der Tätigkeit Unterstellungsverhältnisse Personalverantwortung evtl. Grund des Wechsels
07/89 - 06/95	Firma 123, 99999 Aufstiegshausen Tätigkeitsbezeichnung, Tätigkeitsbereich Kurzbeschreibung der Tätigkeit Unterstellungsverhältnisse Personalverantwortung
04/89 - 06/89	Praktikum bei ....
01/86 - 03/89	Studienbegleitende Tätigkeit bei .... Kurzbeschreibung der Tätigkeit
Besondere Fähigkeiten:	z.B. LKW- oder Bus-Führerschein, etc.
Hobbies:	Kultur, Tanzen, Wellness
Mitgliedschaften und Ehrenamt:	Berufsverband und / oder Soziales Engagement

Ort, Datum

Unterschrift

Wenn Sie sich initiativ bewerben und keine Zeugnisse beifügen oder wenn Sie viele Jahre Berufserfahrung haben, können Sie die Form eines expliziten Profils wählen. Nach dem Deckblatt gehen Sie ausführlich auf Ihre beruflichen Stationen ein.

Beispiel für ein Berufserfahrungsprofil

Michaela Müller – Müllerstr. 9 – 55555 Müllerhausen
Telefon 0555 – 555 555 – Mobil 0155 – 555 5555
Mail m.mueller@muster.de

Kenntnisse, Erfahrungen und Fähigkeiten

Fundierte Kenntnisse in der Informationstechnologie in folgenden Bereichen:

- Betriebssysteme (Windows NT, 2000, XP, Cluster Server, UNIX)
- Netzwerkktechnologien (LAN, WAN, Protokolle, Switche)
- Storage Area Network (SAN), Network Attached Storage (NAS)
- Hochverfügbarkeit (Backup und Disaster recovery, Cluster)
- IT-Prozess-Controlling
- IT-Rechenzentrum
- Vertragsrecht
- Grundkenntnisse Programmierung (COBOL, C, Assembler)
- Projektmanagement
- Planung und Durchführung von komplexen Systemintegrations- und IT-Projekten bzw. IT-orientierten Beratungsprojekten
- Akquisition von Projekten und Erstellung von Angeboten
- Schulung und Coaching von Fach- und Führungskräften
- Betriebswirtschaftliche Kenntnisse
- Vertriebsorientiertes Handeln

Weiterbildung

MM/JJJJ	Rhetorik, Moderation
MM/JJJJ	IT-Prozess-Controlling (Prozessanalyse, Prozessoptimierung, Kostenrechnungsverfahren, Balanced Scorecard, IT-Kennzahlensysteme)
MM/JJJJ	Project Leadership, Management, and Communications
MM/JJJJ	Managing Information Technology Projects
MM/JJJJ	Workshop Upgrade Windows NT to Windows 2000
MM/JJJJ	Updating Support Skills from NT to Windows 2000
MM/JJJJ	Clustering with Windows 2000
MM/JJJJ	Designing MS Windows 2000 DS Infrastructure
MM/JJJJ	Vertragsgestaltung bei IT-Dienstleistungsprojekten
MM/JJJJ	Kommunikation, Selbstmanagement und Rhetorik
MM/JJJJ	Business English
MM/JJJJ	Windows NT 3.51 Systemadministration
MM/JJJJ	Oracle 7.2.2 Systemadministration
MM/JJJJ	UNIX Grundlagen, SINIX-Z Systemadministration
MM/JJJJ	Lan-Manager UNIX - Systemadministration
MM/JJJJ	Kommunikation, Zeitmanagement, Konfliktmanagement

Seite 1 von 2

Michaela Müller – Müllerstr. 9 – 55555 Müllerhausen
Telefon 0555 – 555 555 – Mobil 0155 – 555 5555
Mail m.mueller@muster.de

Beruflicher Werdegang

von 10/2000 – geplant 10/2005	**A-IT Projektfreunde AG (selbständig)** **Projektleitung für Kunden Maier+Maier** Vereinheitlichung der bestehenden IT-Infrastruktur Projektbudget ca. 1 Million Euro, Projektmitarbeiter 22 Projektumfang: • z.B. Bau eines neuen Rechenzentrums • z.B. Optimierung der IT-Prozesse • z.B. Erstellung von Aus- und Notfallkonzepten Aufgaben: • Führung des Projektteams • Projektplanes inkl. Darstellung der Abhängigkeiten • Mitarbeit an der Budgetplanung • Koordinierung der technischen Implementierung • Fortschritts-, Ergebnis- und Qualitätskontrolle • Erstellung einer Kosten- und Nutzenanalyse • Reporting an den Kunden • Identifizieren von Risikobereichen • Eskalationsmanagement • Begleitung der Ausschreibungen inklusive der Vertrags- und Preisverhandlungen • Steuerung externer Dienstleister
01/1996 - 09/2000	**Maier-Schulze GmbH, Schulzhausen** **Migrationsplanung der Infrastruktur auf Linux** z.B. Verschmelzung der IT-Infrastruktur z.B. Erstellung des Grobkonzeptes
04/1994 – 12/1995	**SelbstbedienungsFondsBank GmbH** **Implementierung der IT-Infrastruktur** Teilprojektleitung Microsoft Technologien Erstellung des Domänen- und Exchangekonzeptes Erstellung und Implementierung des Backup-Konzeptes und Koordination des Client-Rollouts (ca. 300 PCs)
01/1992- 03/1994	**Coaktiv AG** **Führung der Server-Administration** Sicherstellung des laufenden Betriebs Erstellung eines Backup-Konzeptes zur räumlich getrennten Datensicherung

Beruflicher Werdegang – Fortsetzung wie normal…

Seite 2 von 2

Wenn Sie mehr über die Gestaltung des Lebenslaufs wollen, so finden Sie einschlägige Bücher im Literaturverzeichnis.

Personalreferenten haben mich immer wieder gebeten, darauf hinzuweisen, dass es wichtig ist, die wesentlichen Kenntnisse und Erfahrungen der Bewerberin schnell erfassen zu können. Deshalb legen Sie bitte Wert darauf, dass Ihre Kernqualifikationen und Stärken hervorgehoben sind.

Unübersichtliche Lebensläufe müssen nicht sein!

Wenn Sie ein vielseitiger Mensch sind, der einen Beruf erlernt, parallel die Fachhochschulreife erlangt und viele Praktika vorzuweisen hat, dann können Sie Ihren Lebenslauf als Flussdiagramm oder als Matrix darstellen. Eine übersichtliche Matrix erreichen Sie, wenn Sie die Zeitachse kontinuierlich senkrecht verlaufen lassen und auf der horizontalen Achse Blöcke für Ihre Aus- und Weiterbildungen sowie berufsbezogenen Erfahrungen bilden. Die verschiedenen Stationen stellen Sie als Zeitblöcke dar. Für persönliche Daten, Ihr Foto und zusätzliche Fähigkeiten und Kenntnisse verwenden Sie ein eigenes Blatt. Damit beweisen Sie Ihrem neuen Arbeitgeber, dass Sie auch komplexe Sachverhalte einfach darstellen können.

Lebenslauf in Form einer Matrix

Melinda Mercourio

Musterstrasse 25
01234 Musterstadt

Übersicht über den Ausbildungsgang

Jahr	Schule / Studium	Praktika / sonstige Tätigkeiten
1984	Allgemeine Hochschulreife Leibniz-Gymnasium Hannover	
1985		
1986		
1987		Universität Stuttgart Studium Allg. Maschinenbau
1988		
1989		Praktikum Mercedes-Benz, Untertürkheim
1990	TU München Studium Fahrzeugbau	Praktikum Mercedes-Benz, Sindelfingen
1991		
1992	Studium der Philosophie Hochschule für Philosophie München S.J.	
1993		Praktikum bei Bryan Donkins - England Praktikum bei Furukawa Denko - Japan
1994		
1995	Diplomarbeit, University of California, Berkley - USA	
1996	Wissenschaftliche Mitarbeit Lehrstuhl für Feingerätebau - TU München	

Melinda Mercurio

Musterstadt, 29. Mai 1996

Auslandsbewerbungen

Bewerben innerhalb der EU

Wenn Sie sich für einen Job innerhalb der Europäischen Union bewerben, kann es sich als hilfreich herausstellen, den Lebenslauf dem European Curriculum Vitae anzupassen. Dieser Standard, an dem die EU-Bildungsminister noch arbeiten, soll allen EU-Bürgern ermöglichen, ihre Qualifikationen vergleichbarer darzustellen, und ihnen den Zugang zum europäischen Arbeitsmarkt erleichtern. Den aktuellen Stand erfahren Sie im Internet unter www.cedefop.gr/transparency/cv.asp, dem European Centre for the Development of Vocational Training. Hier können Sie sich auch den neuesten Stand der Formate herunterladen – und das in 13 Sprachen!

Bewerben in den USA

Für das Bewerben in den USA gelten besondere Regeln. Der Lebenslauf heißt CV oder Resumée. Er enthält kurze persönliche Daten (Personal Details), wie Adresse, Kontaktmöglichkeiten, Geburtsdatum. Die angestrebte Position (Job Target) muss auf dem Lebenslauf stehen. Er beginnt mit den beruflichen Erfahrungen (Work Experience oder Work History). Es folgen die Erfolge und Erfahrungen (Achievements and Accomplishments), die man gemacht hat, und erst dann kommen Ausbildung, Studium und Weiterbildung (Education and Qualifications). Sonstige Kenntnisse und Fähigkeiten (Additional Skills), persönliche Interessen und Hobbys (Hobbies/Interests) bilden den Abschluss. Zeugnisse werden mit References oder Letter of Recommendation betitelt. Diese Letters of Recommendation (Zeugnisse) bitte im Original und in der Übersetzung beifügen. Besonderen Wert wird auf die Floskel „Wir können Frau x jederzeit weiterempfehlen" sowie auf Ehrlichkeit (honesty), Leistung (ability and performance), Pünktlichkeit und Anwesenheit (attendance and timekeeping) sowie Einstellung und Führung (attitude and conduct) gelegt. Bei der Bewertung darf ruhig dick aufgetragen werden – excellent – outstanding – impressive sind hier Synonyme für „sehr gut". Wie in Deutschland auch sollten Rechtschreib- oder Grammatikfehler vermieden werden. Spezielle Bücher hierzu finden Sie in den Literaturempfehlungen.

Ihr Qualifikationsprofil

Das Qualifikationsprofil ist das Sahnehäubchen Ihrer Bewerbung auf ein Stellenangebot. Dieses Profil bezieht sich auf die ausgeschriebene Position und wie Ihre Qualifikationen dazu passen. Es vergleicht präzise, was gefordert wird und was Sie dazu zu bieten haben. Es muss deutlich machen, dass Sie die richtige Besetzung für den angebotenen Job sind.

Beispiel für ein Qualifikationsprofil

Ihre Annonce in der FAZ vom 01.06.2004

Qualifikationsprofil von Melanie Musterfrau

Sie wünschen	Ich biete	Bemerkungen
Dipl.-Ing. Architektin	Diplom-Ingenieurin Architektur, Note 1,2	
Baustellenerfahrung	2 Jahre Bauleitung in Deutschland und Spanien	Gute Spanischkenntnisse
Mitarbeiterführung	Niederlassungsleitung Führung von 30 Mitarbeitern	6 Monate Führungstraining bei der Bay. Architektenkammer
Auslandserfahrung	1 Jahr Auslandserfahrung in Spanien 6 Monate Praktikum in Frankreich	Gute Spanischkenntnisse Französisch perfekt (Vater ist Franzose)

Die Vorteile des Qualifikationsprofils liegen auf der Hand: Anstatt sich durch einen – vielleicht umfangreichen – Lebenslauf zu arbeiten, kann der Personaler auf einer DIN-A4-Seite die verlangten Qualifikationen im Vergleich zu dem, was Sie mitbringen, abgleichen. Diese übersichtliche Form der Darstellung hebt Sie aus der Masse der Bewerberinnen heraus und zeigt dem potenziellen Arbeitgeber gleichzeitig,

- ❑ dass Sie strukturiert denken können,
- ❑ dass Sie kundenorientiert sind (weil sie ihm Arbeit abnehmen),
- ❑ dass Sie sich mit der angebotenen Stelle auseinander gesetzt haben,
- ❑ wo und in welcher Form Sie die erforderlichen Qualifikationen erworben haben.

Checkliste zum Lebenslauf

1. Ihr Lebenslauf ist Ihr Lebenslauf. Stehen Sie dazu!
2. Stellen Sie Ihre für die neue Position wichtigen Qualifikationen in den Vordergrund.
3. Wenn Sie zusätzliche Kenntnisse mitbringen, die für die angestrebte Position von Vorteil sind (zum Beispiel Stipendien, Orchester- oder Chor-Erfahrung, Alumni-Mitgliedschaften etc.), schreiben Sie diese unter eine extra Rubrik.
4. Achten Sie auf Übersichtlichkeit und leichte Lesbarkeit.
5. Fügen Sie ein professionelles, aktuelles Bewerbungsfoto bei.
6. Datieren und unterschreiben Sie den Lebenslauf (Ausnahme: Online-Bewerbungen).

Ihr Lebenslauf sollte aussagefähig sein, ohne zu langweilen. Präsentieren Sie ihn gut strukturiert und heben Sie die Eigenschaften und Fähigkeiten hervor, die für die angestrebte Position wichtig sind.

Das Anschreiben

Bevor Sie sich bei einem Unternehmen bewerben, müssen Sie sich darüber im Klaren sein, was **Sie** davon haben, wenn Sie für dieses Unternehmen arbeiten. Der Arbeitgeber und Sie als Arbeitnehmerin befinden sich im partnerschaftlichen Austausch. Der eine hat einen Job und Sie möchten ihn haben. Jeder von beiden hat seine Konditionen und Erwartungen. Sie sollten sich über Ihre im Klaren sein. Überprüfen Sie, ob Ihre Erfolgsdefinitionen in diesem Job erfüllt werden und die gegenseitigen Erwartungshaltungen übereinstimmen (siehe Kapitel 2). Wie wichtig ist es Ihnen, für genau dieses Unternehmen zu arbeiten – und warum? Firmen sind stark daran interessiert, dass sich MitarbeiterInnen mit den Unternehmenszielen identifizieren und als wichtigen Teil des Unternehmens betrachten, auch wenn sie ein kleines Rädchen im multinationalen Konzern sind. Freche Frauen, die sich über diese unausgesprochenen Fragen Gedanken gemacht haben, sind eindeutig im Vorteil. Sie müssen es „nur" noch im Anschreiben und Vorstellungsgespräch rüberbringen.

Zugegeben: Der allerschwierigste Teil einer Bewerbung ist das Anschreiben. Es ist die pure Werbung für Sie und muss deutlich vermitteln, wer Sie sind und welchen Nutzen das Unternehmen davon hat, dass Sie für es arbeiten.

Eigenlob stinkt? Eigenlob stimmt!

Zu viele Frauen sind immer noch der Meinung „Eigenlob stinkt". Ich halte es da mit meiner Kollegin, Sabine Asgodom. Wir sind beide der Meinung, dass „Eigenlob stimmt". Denn, liebe freche Frauen, seien Sie ehrlich: Wer kennt Sie am besten? Also, machen Sie Werbung für sich – für Ihre hart erarbeiteten Fähigkeiten und Kenntnisse und vor allem für Ihre Talente und Stärken, die Sie ja in den Kapiteln 1 und 2 kennen gelernt haben.

Wenn Sie mit dem Eigenlob noch nicht so erfahren sind, seien Sie ein bisschen vorsichtig. Denn wenn Sie das Pendel bei „Bescheidenheit“ stehen hatten und Sie lassen es jetzt los in Richtung „Eigenlob“, ist es wahrscheinlich, dass das Pendel zu hoch ausschlägt und sich ein Anschreiben mit dem Tenor „Ich weiß nicht, wie ihr es so lange ohne mich geschafft habt“ herauskristallisiert. Das ist bestimmt auffallend frech – und auffallend daneben. Lassen Sie das Anschreiben von jemand gegenlesen, von dem Sie sicher sind, dass er Ihnen auch Kritikpunkte sagen wird.

Das Anschreiben muss neugierig auf Sie machen und Ihr berufliches Potenzial im besten Licht darstellen. Und das alles am besten auf einer DIN-A4-Seite! Präziser Ausdruck und allgemein verständliche Sprache sind gefordert, denn Sie kennen den Empfänger Ihres Anschreibens in den seltensten Fällen. Fachchinesisch oder firmeninterner Jargon ist unangebracht. Die von Frauen so gerne verwendeten Worte „hätte“, „könnte“, „würde“ haben in diesem Brief absolut nichts verloren. Sie erwecken beim Empfänger das Gefühl, dass hier jemand „rumeiert“ und nicht zum Punkt kommt. Deshalb sagen Sie klar, was Sie wollen – nur dann haben Sie eine Chance, es zu bekommen!

Antworten auf Stellenangebote

Wenn Sie sich auf Stellenangebote bewerben, geben Sie bereits im Betreff die genannte Stellenbezeichnung und, bei Großunternehmen, bitte gleich die Kennziffer an, unter der das Stellenangebot läuft. Damit erleichtern Sie dem Sachbearbeiter die Zuordnung Ihrer Bewerbung.

!

Den gern verwendeten Einleitungssatz „In der Frankfurter Allgemeinen Zeitung vom ... habe ich gelesen, dass Sie eine Software-Entwicklerin suchen, und ich möchte mich für diese Stelle bewerben" sollten Sie sich unbedingt sparen. Außer einem Gähnen erreichen Sie damit gar nichts, denn das Unternehmen weiß, wo es wann eine Stellenanzeige geschaltet hat, und dass Sie sich bewerben, ist offensichtlich. Interessanter wäre ein Einleitungssatz wie zum Beispiel: „Mit Freude antworte ich auf Ihre Stellenanzeige xy. Schon seit langem möchte ich für Ihr Unternehmen arbeiten, denn ..."

Initiativbewerbungen

Sie bieten dem Empfänger an, für das Unternehmen zu arbeiten, und dieses Angebot muss Bedarf wecken. Das heißt, Ihr Schreiben soll Appetit machen auf mehr – nämlich Sie persönlich kennen zu lernen. Der Empfänger muss von Ihrer Selbstdarstellung so angetan sein, dass er Sie zum Vorstellungsgespräch einlädt. Und wenn Sie den in Ihrem Anschreiben geweckten positiven Eindruck im persönlichen Kennenlernen erfüllen oder sogar verstärken, könnten Sie dann auch eingestellt werden.
Ein Negativbeispiel mit Empfänger-Kommentaren in Kursivschrift:

z.B.

Bewerbung als leitende Angestellte

Sehr geehrte Damen und Herren,

Ihr Unternehmen wird Geld sparen und rationeller arbeiten durch meine Berufserfahrung und Flexibilität! *Nimmt die sich aber wichtig!*
In meinem bisherigen Berufsweg habe ich mir durch Energie und Einsatz die Stellungen von der Sachbearbeitung bis zur Prokuristin eines Handelsbetriebes erarbeitet. *Hat sie Komplexe?*

Langjährige berufliche Auslandsaufenthalte runden mein Profil im globalisierten Geschäftsleben ab. *Bisschen dick aufgetragen.*
In meiner heutigen Position habe ich unter anderem erfolgreich neue Einkaufsquellen in XY erschlossen und unsere Einkaufspreise um bis zu 50% reduziert *Muss tough sein!*
Weitere Stärken liegen in der Gewinnung von Neukunden, Verhandlungsführung sowie die Mitarbeiterführung und deren Motivation. *Wirr ausgedrückt. Wie kann man Mitarbeiterführung motivieren?*
Die interessanten Aufgabenbereiche in Ihrem Unternehmen sollten wir in einem persönlichen Gespräch erörtern. *Nein, das werden wir bestimmt nicht!*

Hätte die Dame ihre unbestreitbar vorhandenen Vorzüge sachlich auf den Punkt gebracht und ihre Formulierungen weniger aufgeblasen, wären ihr die vernichtenden Kommentare erspart geblieben.

Anschreiben strukturieren

Die fünf wichtigsten Punkte Ihres Anschreibens sind:

1. Warum bewerben Sie sich bei genau diesem Unternehmen? Stellen Sie präzise dar, was genau Sie interessiert und in welcher Abteilung bzw. in welchem Tätigkeitsbereich Sie sich gerne wiederfinden würden. Diesen Einleitungsabsatz müssen Sie für jedes empfangende Unternehmen neu kreieren.
2. Vermeiden Sie, die Informationen Ihres Lebenslaufs im Anschreiben zu wiederholen. Entweder Sie entscheiden sich für ein Qualifikationsprofil (siehe Seite 159) oder Sie schreiben: „Details meiner Berufserfahrung und meine fachlichen Kompetenzen entnehmen Sie bitte beigefügtem Lebenslauf." Wenn Sie Ihre Zeugnisse beilegen, ergänzen Sie den Satz um „und beigelegten Zeugnissen". Diese Floskel können Sie in allen Anschreiben verwenden.

3. Nennen Sie Ihre fachlichen und persönlichen Stärken, die Sie in Kapitel 1 und 2 dieses Buches erarbeitet haben. Am besten so formuliert, dass der Empfänger ein deutliches Bild Ihrer Fähigkeiten, Kompetenzen und Präferenzen bekommt. Sie können hier auch mit Aufzählungs- und Stichpunkten arbeiten. Es kann durchaus sein, dass Sie diesen Absatz unverändert in alle Anschreiben übernehmen, vorausgesetzt, Sie können Dinge wahrheitsgemäß hervorheben, auf die das angeschriebene Unternehmen großen Wert legt. Wichtig ist, dass dieser Brief neugierig auf Sie macht!
4. Was möchten Sie mit diesem Brief erreichen? Sie wollen eine Einladung zum Vorstellungsgespräch haben und genau das sollten Sie im letzten Satz schreiben. „Ich freue mich auf Ihre Einladung zum Vorstellungsgespräch. Sie erreichen mich am besten telefonisch (oder per E-Mail) unter …“
5. Denken Sie bei aller Selbstdarstellung immer daran, dass Sie die Erwartungen, die Ihr auffallend gutes Anschreiben geweckt hat, im Vorstellungsgespräch erfüllen müssen!

Das Aussehen bringt's

Nach dem Umschlag ist Ihr Brief das Erste, was der Empfänger von Ihrer Bewerbung sieht. Das Anschreiben ist also Ihre ganz persönliche Visitenkarte und sollte entsprechend positiv wirken. Hand aufs Herz: Wenn Sie einen Brief bekommen, was spricht Sie zuerst an: das Briefpapier, die Gestaltung oder der Inhalt?
Wenn man einen Briefbogen zur Hand nimmt, spürt man automatisch die Papierqualität und -struktur. Über den Tastsinn überträgt sich die Botschaft „Fühlt sich gut an“ ganz unbewusst zum Empfänger und der ist schon positiv eingestimmt. Deshalb: Achten Sie auf gutes Papier, das professionell aussieht.
Bei der Gestaltung des Briefes richten Sie sich am besten nach den DIN 5008-Vorschriften. Das sind allgemein verbindliche Regeln zum Schreiben eines Geschäftsbriefes. Sollten Sie diese Regeln nicht kennen, können Sie Ihren Brief auch frei gestalten. Auf jeden Fall sollte das Resultat übersichtlich und ansprechend sein.

Wählen Sie eine gut leserliche Schrift und eine Schriftgröße, die auch von reiferen Menschen ohne Brille gelesen werden kann. Bitte niemals kleiner als 11 Punkt. Das gilt vor allem für die Kopf- und Fußzeilen, die meistens etwas zu klein geraten.

Be-werben Sie sich!

Es kann nicht oft genug betont werden, dass Ihr Anschreiben den höchsten Aufmerksamkeitsgrad Ihrer gesamten Bewerbungsunterlagen erfährt. Deshalb müssen Sie jedes Anschreiben exakt auf den jeweiligen Empfänger und dessen Anforderungen abstimmen. Firmen wollen Persönlichkeiten einstellen, die sich ins Unternehmen einfügen lassen. Frauen, die stolz auf ihre Arbeit sind, die sich selbst motivieren können, die mitdenken und über den Tellerrand hinausblicken können. Frauen, die flexibel mit beiden Geschlechtern kooperieren, sich an Unternehmenszielen orientieren und ihre Energien nicht im Hickhack mit KollegInnen, MitarbeiterInnen und ChefInnen vergeuden.

Wenn Sie älter sind …

Die Zeiten für ältere Arbeitnehmerinnen werden zum Glück wieder besser. Die Kampagne „30, 40, 50plus – Gesund arbeiten bis ins Alter“ der Bundesagentur für Arbeit soll das Bewusstsein für Qualitäten reifer Arbeitnehmer schärfen. Die Unternehmen erkennen langsam, dass die Erfahrung und Sozialkompetenz älterer Menschen wichtig sind, vor allem im Abteilungsmiteinander und in der Führung. Ältere sind gelassener. Sie machen nicht gleich aus jeder Mücke einen Elefanten und können operative Hektiker manchmal gut einbremsen. Sie wissen aus Erfahrung, dass sich manche Dinge von allein erledigen und dass nichts so heiß gegessen wird, wie es gekocht wird. Gerade bei Unternehmensfusionen, wenn die Spekulationen die Informationen der Unternehmensleitung bei weitem übersteigen, sorgen gelassene Mitarbeiter dafür, dass die Produktivität zumindest ansatzweise erhalten bleibt. Was die Führungskompetenz betrifft, so ist bekannt, dass ältere Managerinnen eher konstruktive Veränderungen einläuten als ihre jungen Kollegen.

Ältere Kandidatinnen sind meist gesundheitlich ebenso fit wie ihre jungen Konkurrentinnen. Wenn Sie glauben, das beweisen zu müssen, so tun Sie es – mit einem Gesundheitsattest Ihres Arztes oder durch aktive Mitgliedschaft in einem Sportverein oder Fitness-Studio.
Außerdem haben Sie als Frau mit 40plus den Vorteil, dass Sie (wahrscheinlich) keine Kinder mehr bekommen, Sie aus den Sturm-und-Drang-Jahren herausgewachsen sind und sich voll ihrem Job widmen können. Sie wissen, dass beruflicher Erfolg nur durch hundertprozentigen Einsatz erreicht wird und dass ältere Mitarbeiterinnen eher strategisch denken, als impulsiv mit dem Kopf durch die Wand zu gehen. Frauen brauchen mehr Mut zu sich selber – denn sie können meistens mehr, als sie glauben!
Praktisch heißt das:

- ❑ Bringen Sie Ihre Persönlichkeit ins Spiel und bringen Sie Ihre Stärken ein.
- ❑ Betreiben Sie Marketing in eigener Sache und – so möglich – vermeiden Sie die klassische Form der Bewerbung, bei der ein erster Blick immer auf Ihr Geburtsjahr fällt.
- ❑ Suchen Sie den persönlichen Kontakt oder spannen Sie Ihr Netzwerk ein!

Briefaufbau

Jeder Bewerbungsbrief muss auf den Empfänger – also das angeschriebene Unternehmen – zugeschnitten sein. Das heißt, dass der Einleitungssatz und der erste Absatz deutlich machen müssen, warum Sie sich gerade bei diesem Unternehmen bewerben und was das Unternehmen davon hat, wenn Sie dort arbeiten. Im Mittelteil sollten Sie auf die beigefügten Unterlagen hinweisen und Ihre persönlichen Stärken darstellen, die ein Beitrag zum Unternehmenserfolg sein können. Im Abschlusssatz bitten Sie um einen Vorstellungstermin und geben Ihre

Mobiltelefonnummer oder E-Mail-Adresse an, je nachdem, wie Sie am leichtesten zu erreichen sind.

Auf Folgendes müssen Sie besonders achten:

- ❑ Fehlerlose Rechtschreibung und ansprechendes Layout. Wenn Sie unter der Rechtschreibreform-Verwirrung leiden, empfiehlt es sich, die Korrekturhilfe Ihres PC-Programms zu verwenden. Trotzdem werden Sie um die persönliche Prüfung nicht ganz herumkommen. Der neue Duden empfiehlt sich zur Feinkorrektur.
- ❑ Schreiben Sie konkret, warum Sie sich genau bei dieser Firma bewerben. Dazu haben Sie im Internet oder über Geschäftsberichte recherchiert. Wenn Sie sich mit diesen Informationen auseinander gesetzt und eine Übereinstimmung mit Ihren Erfolgsfaktoren gefunden haben (siehe Kapitel 1), sollte Ihnen das keine Schwierigkeiten mehr bereiten.
- ❑ Was unterscheidet Sie von anderen Bewerbern? Was bringen Sie dem Unternehmen als Zusatznutzen? Haben Sie Fähigkeiten und Kenntnisse, die das Unternehmen gerade jetzt braucht? Was macht gerade Sie für den potenziellen Arbeitgeber attraktiv? Hier kann zum Beispiel stehen, dass Sie sich mit der chinesischen Mentalität auseinander gesetzt haben; unter Beweis gestellt haben, dass Sie neue Märkte aufbauen können; fließend Arabisch sprechen etc.
- ❑ Stellen Sie Ihre Persönlichkeit vor. Schreiben Sie, wer Sie sind, ob Sie sich als Leiterin, Teammitglied, Generalistin oder Spezialistin definieren – und eventuell, wie Sie zu dieser Erkenntnis gelangt sind. Ob Ihre Stärke im Verkauf liegt oder Sie am liebsten Reklamationen bearbeiten. Schreiben Sie, was Ihnen wichtig ist und wofür Sie Ihre Energien und Berufserfahrungen am liebsten einsetzen. Arbeit muss Spaß machen – schließlich verbringen wir die meiste Zeit unseres wachen Lebens damit.

- ❑ Lösen Sie beim Empfänger dieses Anschreibens den Reflex aus, zum Hörer zu greifen und Sie zum Vorstellungsgespräch einzuladen. Sie wissen bestimmt, wie Sie Aufmerksamkeit erregen können – denken Sie einmal an Ihr letztes Rendezvous!

Ein gelungenes Anschreiben einer Controllerin, die initiativ einen neuen Job sucht:

Aufgabe als Controllerin

Sehr geehrter Herr Müller-Maier,

Ihr Unternehmen spricht mich an, weil Ihre Produkte den Menschen Freude an einem schönen Sport ermöglichen. Deswegen würde ich gerne als Controllerin in Ihrem Unternehmen tätig sein. Für mich sind Zahlen ein Weg, um mit Menschen zusammen Lösungen für mehr Profitabilität zu entwickeln.

Meine fachlichen Erfahrungen, Fähigkeiten und Kenntnisse entnehmen Sie bitte beigefügtem Lebenslauf und meinen Zeugnissen.

Im September 2004 haben die Firma HinzKunz AG und ich uns während der Probezeit getrennt, weil unsere Sichtweisen unvereinbar waren. Aufgrund dieser Erfahrung ist es mir wichtig, in einem Umfeld mitzuarbeiten, das Zahlen als Hilfsmittel einer erfolgreichen Unternehmenssteuerung betrachtet.

Meine persönlichen Stärken sind:

- ❑ Konzeption und Analyse
- ❑ Zahlen transparent machen und das Verständnis dafür wecken
- ❑ Andere für Lösungsansätze begeistern

z.B.

Ich definiere mich als ganzheitliche, über den Tellerrand hinaussehende Diplom-Kauffrau.

Am liebsten arbeite ich in einem Umfeld, das geprägt ist von konstruktivem Teamgeist und menschlicher Unternehmensführung. Da fühle ich mich wohl und kann meine Potenziale zum größten Nutzen des Unternehmens entfalten.

Gerne stehe ich für ein persönliches Gespräch zur Verfügung und bitte um Ihren Anruf unter ... Ich freue mich darauf, Sie und Ihr Unternehmen persönlich kennen zu lernen.

Mit freundlichen Grüßen

Im dritten Absatz dieses Schreibens wird sehr elegant auf den Grund der jetzigen Arbeitslosigkeit eingegangen und klar formuliert, worauf man beim neuen Job Wert legt. Die persönlichen Stärken und Wünsche sind so deutlich dargestellt, dass man sich den Menschen hinter diesem Anschreiben vorstellen kann.

Checkliste: Zehn Gebote für ein gelungenes Anschreiben

1. Sind Rechtschreibung und Grammatik Ihres Anschreibens korrekt?
2. Sieht Ihr Anschreiben ansprechend aus?
3. Enthält es Name, Adresse, Telefonnummer und E-Mail-Adresse?
4. Kommt rüber, dass Sie für die Position geeignet sind?
5. Findet der Empfänger alle Angaben, die er für den ersten Eindruck braucht, übersichtlich gegliedert auf einer DIN-A4-Seite?
6. Ist erkennbar, welchen Nutzen das Unternehmen von Ihnen als Mitarbeiterin hätte?
7. Machen Sie den Empfänger neugierig darauf, Sie kennen zu lernen?
8. Ist der Brief original unterschrieben?

9. Gestaltet sich die Kontaktaufnahme einfach und direkt?
10. Hält der Lebenslauf, was das Anschreiben verspricht?

Feilen Sie so lange an Ihrem Anschreiben, bis Sie jede Frage mit einem ehrlichen Ja beantworten können!

Das lange Warten bis zum Vorstellungsgespräch

Die Kunst der Lebensführung
besteht bekanntlich darin,
mit gerade so viel Dampf zu fahren,
wie gerade da ist.

Theodor Fontane

Sie haben Ihre Bewerbungsmappe weggeschickt und jetzt geht das mehr oder weniger lange Warten los. Vielleicht fühlen Sie sich ein bisschen so, als warteten Sie auf ein Lebenszeichen des Liebsten. Und gewisse Parallelen sind durchaus vorhanden: Wenn Sie verliebt sind, können Sie den anderen auch noch nicht einschätzen. Und so ist es mit Ihrem potenziellen Arbeitgeber und Ihnen auch. Sie haben sich so auffallend wie für Sie passend und so frech wie angemessen dort bemerkbar gemacht – und nun wissen Sie eben nicht, wie es weitergeht. Schmetterlinge im Bauch und das Stoßgebet beim Öffnen des Briefkastens sind in dieser Phase normal.

Doch in der Ruhe liegt die Kraft!

Nutzen Sie die Zeit des Wartens, sich zu überlegen, wo Sie sich noch bewerben können, pflegen Sie Ihr Netzwerk und schärfen Sie Ihr Profil. Je mehr Sie sich über sich selbst, Ihre Stärken und beruflichen Wünsche im Klaren sind, desto fokussierter werden Sie agieren können. Holen Sie sich Rat bei bezahlten Freunden (Karrierecoachs, Trainern) und sprechen Sie mit Freunden und Menschen, die über Kontakte verfügen. Holen Sie diese Leute mit ins Boot, um Ihnen zu helfen und ihr Netzwerk für Sie zu öffnen. Agieren Sie frei nach dem Motto: „Andere Mütter haben auch hübsche Söhne!"

Zeit ist ein subjektiver Begriff. Sie wissen, wie schnell die Zeit vergeht, wenn Sie sich amüsieren und es Ihnen richtig gut geht. Sie wissen jedoch auch, wie endlos die Zeit ist, wenn Sie auf etwas Bestimmtes warten. Stellen Sie sich vor, wie viele Bewerbungen bei dem angesprochenen Unternehmen eingehen. Wie lange es unter Umständen dauern kann, bis der zuständige Sachbearbeiter aus dem Urlaub oder gar Krankenstand zurückgekehrt ist; bis die Stapel der Bewerbungsmappen gesichtet und sortiert sind. Vielleicht muss neben der Personalabteilung auch die Fachabteilung noch die Auswahl treffen, bevor Kandidaten zum Gespräch gebeten werden. Führen Sie sich diesen Ablauf vor Augen und seien Sie nicht traurig, wenn Sie vier Wochen nichts hören.

Wenn Sie danach allerdings keine Nachricht bekommen, sollten Sie nachfragen. Am besten höflich per Telefon (siehe telefonische Bewerbung – Seite 131) oder, wenn Sie einen direkten Ansprechpartner haben, per Mail. Letzteres wird als weniger störend empfunden, denn Mails können beantwortet werden, ohne dass der Tagesablauf unterbrochen wird.

Verstärken Sie den positiven Eindruck Ihrer Mappe und trauen Sie sich im Gespräch, Ihren Nutzen für das Unternehmen deutlich zu machen. Trommeln gehört nun einmal zum Handwerk! Teilen Sie mit, warum Sie dringend auf die Entscheidung warten, fragen Sie, ob und wann Sie sich wieder melden sollen, geben Sie bekannt, wann Sie in Urlaub gehen. Bleiben Sie höflich, auch wenn der Sachbearbeiter sich nicht gleich an Sie erinnert. Haben Sie Verständnis dafür, dass viele Bewerbungen auf seinen Tisch kommen und er sich nicht eine jede merken kann. Helfen Sie ihm charmant auf die Sprünge und kreieren Sie eine angenehme Gesprächsatmosphäre. An diese Kontakte erinnert man sich später einfach besser.

Wenn Sie dem überlasteten Personaler Ihres „Traumarbeitgebers“ eine Ermunterung zukommen lassen wollen, so machen Sie sich vorher die Mühe herauszufinden, womit man ihm wirklich eine Freude machen kann. Diesem Päckchen können Sie einen Begleitbrief beifügen, etwa so:

z.B

Sehr geehrter Herr Müller-Maier,

am ... habe ich Ihnen meine Bewerbungsmappe geschickt. Ich kann mir vorstellen, dass Sie sehr viel zu tun haben, und bedanke mich schon jetzt für die Mühe, die Sie sich machen. Bitte verstehen Sie beigefügtes ... nicht als Bestechung, sondern als Wertschätzung Ihrer Arbeit. Eine Mitarbeit in Ihrem Unternehmen ist mir sehr wichtig, weil ... (überlegen Sie sich einen wirklich griffigen Grund!), und ich glaube, ... (eine Ihrer besten Eigenschaften oder Fähigkeiten, die im Unternehmen gebraucht werden) mitzubringen, was sehr gut zu Ihrem Unternehmen passen könnte.
Für eine baldige Einladung zum Vorstellungsgespräch bedanke ich mich im Voraus.

Mit freundlichen Grüßen

Wenn Sie die Qual der Wahl haben und sich bereits ein unterschriebener Vertrag auf Ihrem Tisch befindet, Sie aber lieber für das andere Unternehmen arbeiten wollen, legen Sie die Karten auf den Tisch! Rufen Sie an und schildern Sie, dass die Firma B Ihnen einen Job angeboten hat, Sie aber lieber für die angerufene Firma A arbeiten wollen. Fragen Sie konkret, ob Bedarf besteht oder wie die Lage aussieht. Im Allgemeinen sind Personaler in diesen Situationen zu klaren Aussagen in der Lage.

Es ist in meinen Augen einfach unmöglich einen Anstellungsvertrag zu unterschreiben, um ihn dann nicht zu erfüllen. Es erschreckt mich immer wieder, wie häufig solche Vertragsbrüche sind. Unternehmen schließen Verträge mit Mitarbeiterinnen und rechnen fest damit, dass diese zum vereinbarten Zeitpunkt ihre Arbeit aufnehmen. Es gibt zwischenzeitlich massive Gerichtsurteile, die dieses unehrenhafte Verhalten potenzieller Mitarbeiter mit Schadenersatzansprüchen der Unternehmen quittieren.

Nutzen Sie die Zeit!

Wenn Sie lange Zeit nichts hören und Sie auf Ihre Nachfragen nur ausweichende Antworten bekommen, dann ist es wahrscheinlich so, dass Ihre Bewerbung auf dem Stapel „uninteressant" gelandet ist. Wenn dies öfter geschieht, sollten Sie den Weg zum Karrierecoach nicht scheuen. Vielleicht liegt es an Ihrer Selbstdarstellung oder an der Auswahl der Jobs, dass Sie nicht zum Zuge kommen.

Diese Zwischenzeiten sollten Sie nutzen. Belegen Sie einen Sprachkurs, damit Sie gegebenenfalls im Vorstellungsgespräch brillieren können. Melden Sie sich für eine qualifizierte Fortbildung an, wenn Sie arbeitslos sind. Aber achten Sie darauf, dass ein deutlicher Bezug zu Ihrer Arbeit erkennbar ist, sonst gewinnt man den Eindruck, dass Sie nicht wissen was Sie wollen. Eine gute Möglichkeit sind auch Praktika, die zwar wenig Geld, dafür umso mehr Kontakte bringen. Manchmal bleiben Praktikantinnen auch in dem Unternehmen kleben, in dem sie ihre Fähigkeiten erfolgreich unter Beweis gestellt haben. Vielleicht können Sie sogar über Ihre Praktikumserfahrung und -arbeit hinaus einen Job für sich kreieren, an den vorher noch niemand gedacht hat.

Das Vorstellungsgespräch

Endlich ist sie da, die Einladung zum Vorstellungsgespräch. Welche Freude, dass Sie sich unter den „Top Ten“ der Bewerber befinden, die man persönlich kennen lernen will!
Wenn Sie ein gutes Benehmen an den Tag legen wollen, dann werden Sie – genauso als ob Sie privat oder gesellschaftlich eingeladen sind – die Einladung zum Vorstellungsgespräch entweder annehmen oder absagen. Die Terminbestätigung können Sie telefonisch, per E-Mail oder Fax vornehmen – wie es für Sie am einfachsten ist. Bitte achten Sie auf ordentliches Layout und korrekte Rechtschreibung, wenn Sie schriftlich reagieren.

!

Falls der vom Unternehmen vorgeschlagene Vorstellungstermin mit einem Ihrer Termine kollidiert, überlegen Sie sich, ob Sie Letzteren nicht verschieben können. Firmen planen ganze Tage für Vorstellungsgespräche ein, vor allem wenn mehr als ein Unternehmensvertreter dabei ist. Das heißt, die Tage sind durchterminiert. Sie kommen zum Beispiel um 9:00 Uhr dran, der nächste Kandidat um 10:30 Uhr und so weiter. Wenn Sie den Termin absagen, wird unter Umständen ein weiterer Bewerber eingeladen. Das bedeutet für Sie mehr Konkurrenz und eventuell eine Chance weniger. Deshalb bitten Sie um eine Verlegung Ihres Vorstellungsgesprächs nur dann, wenn Sie ernsthaft alle möglichen Alternativen ausgeschöpft haben.

Die Vorbereitung

Wussten Sie, dass der erste Eindruck, den wir von einem Menschen haben, innerhalb von sechs Sekunden entsteht? Nicht nur, dass wir diesen Menschen ganz archaisch in die Schubladen „Freund“ oder „Feind“ einsortieren. Es ist viel schlimmer: Wir bilden uns ein Urteil über unser Gegenüber, noch bevor wir ein Wort miteinander gesprochen haben. Und diese Vor-Urteile sind schwer veränderbar. Siehe das Beispiel meiner Tante Marta auf Seite 47.

Wie kommen Sie an?

Es macht gar keinen Sinn, zu versuchen, uns so zu verstellen, dass wir einen „guten Eindruck“ machen. Gerade dann, wenn wir versuchen, besonders perfekt zu sein, passieren uns die größten Missgeschicke. Also, lassen Sie's, liebe freche Frau: Heben Sie sich aus der Masse heraus, indem Sie einfach Sie selbst sind: mit Ihrem beruflichen Know-how, Ihren persönlichen Stärken und Schwächen und Ihrem Potenzial. Allerdings können Sie im Vorfeld einiges unternehmen, damit der erste Eindruck von Ihnen ein positiver ist – vom Äußeren wie von der inneren Einstellung her. Lassen Sie uns mit dem Äußeren beginnen und eine Bestandsaufnahme Ihrer Erscheinung durchführen, und zwar von oben nach unten:

Wie gepflegt sind Ihre Haare, Ihre Frisur?

Überlegen Sie sich, ob vor Ihrem Vorstellungstermin noch ein Friseurbesuch notwendig ist. Wenn Sie sich unsicher sind, empfiehlt sich ein Termin beim Figaro auf jeden Fall. Von drastischen Styling-Experimenten und allzu grellen Farb- und Strähnenkombinationen sollten Sie allerdings Abstand nehmen. Gepflegtes Haar, seriös-klassisch mit einem Schuss Pep ist immer in Ordnung.

Haut und Hände?

Wenn Sie von unreiner Haut geplagt sind, empfehlen sich regelmäßiges Peeling oder Besuche bei der Kosmetikerin. Gepflegte, saubere Fingernägel werden stets positiv zur Kenntnis genommen. Es lohnt sich durchaus, in eine professionelle Maniküre (Kostenpunkt ca. 15 Euro) zu investieren, wenn Sie selbst keine Könnerin im Umgang mit Schere und Feile sind. Sollten Sie zu den vielen weiblichen Geschöpfen gehören, die kurze Fingernägel haben, stehen Sie dazu. Grell lackierte „Krallen“ können negativ auffallen.

Make-up oder Schminke?

Der Unterschied zwischen Make-up und Schminke ist folgender: Beim Make-up werden die Vorzüge Ihres Gesichts unterstrichen – zum Beispiel Ihre Augen betont, Ihre Wangenknochen akzentuiert etc. Schminke hingegen benutzt man im Theater oder im Karneval, um das natürliche Gesicht zu verwandeln in eines, das der Rolle entspricht. Im Geschäftsleben sollten Sie ein dezentes Tages-Make-up wählen, das der Gesichtsform angepasst ist. Die individuelle Gesichtsfarbe und Ihr Typ sollten unterstrichen werden. Vermeiden Sie, den Eindruck zu erwecken, Sie seien gerade einem „Farbeimer“ oder der Familiengruft entstiegen. Auch hier mag die Unterstützung durch eine Kosmetikerin oder Make-up-Stylistin angesagt sein, um das Beste aus Ihrem Typ zu machen. Von einer solchen Beratung profitieren Sie oft ein Leben lang.

Riechen oder duften?

Die Benutzung von Deodorants ist ein Teil Ihres täglichen Hygienerituals. Falls Sie allerdings zu den Frauen gehören, die in Prüfungs- oder Stresssituationen (und ein Vorstellungsgespräch gehört zu beiden Kategorien!) stark transpirieren, dann duschen Sie nochmals kurz vor dem Gesprächstermin (entfernt Geruchsbakterien auf der Haut), benutzen Sie ein gutes Antitranspirant-Deo und lassen Sie es kurz trocknen, bevor Sie sich ankleiden. Wenn diese Vorbeugemaßnahme nicht ausreicht, besorgen Sie sich in der Apotheke rezeptfrei ein Chlorophyll-Präparat und beginnen Sie bereits einige Tage vor Ihrem Termin mit der Einnahme.

Ein frischer Atem wirkt einfach angenehm. Sie können – rechtzeitig vor Ihrem Termin – ein Pfefferminzbonbon lutschen oder ein Atemspray benutzen. Kaugummi kauend sollten Sie allerdings nicht zum Vorstellungsgespräch erscheinen.

Dosieren Sie Ihr Parfum bitte sparsam, vor allem wenn Sie den gleichen Duft schon längere Zeit benutzen. Ihre Nase ist schon daran gewöhnt und nimmt diesen Duft weniger wahr, wohingegen andere Sie von üppigen Duftwolken umwabert als olfaktorischen Angriff erleben. Starke Parfums können sensible Nasen empfindlich stören. Manchmal finden Vorstellungsgespräche auch in kleineren Besprechungszimmern statt und das ohnehin beschränkte Luftvolumen wird zusätzlich belastet.

Was ziehen Sie zum Vorstellungsgespräch an?

Prüfen Sie Ihren Kleiderschrank auf geeignete Garderobe. Sie sollte der angestrebten Position entsprechen und muss nicht zwangsläufig teuer sein. Wenn Sie unsicher sind, lassen Sie sich von einer qualifizierten Stylistin beraten. In englischsprachigen Ländern hat sich eine ehrenamtliche Initiative „Dress for Success“ für sozial schwache Frauen etabliert, die sie für die Arbeitssuche einkleidet. Der Hintergrund dieser Initiative war,

dass viele Frauen ihre Vorstellungsgespräche versäumten, weil sie nichts Passendes anzuziehen hatten.
Unternehmen haben heutzutage selten eine starre Kleiderordnung, doch die ungeschriebenen Gesetze des Dresscodes sollten Sie nichtsdestotrotz beachten. Wenn Sie nicht wissen, wie man sich in dem von Ihnen anvisierten Unternehmen kleidet, stellen Sie sich bei Büroschluss vor den Haupteingang und beobachten Sie, wie die Mitarbeiterinnen gekleidet sind.
Die klassischen Businessfarben sind Dunkelblau, Grau, Schwarz und Beige. Sie wirken Vertrauen erweckend und signalisieren Kompetenz. Das klassische Kostüm oder der Hosenanzug wirken professionell. Auch ein Sommerkleid mit Jacke oder eine schicke Strickkombination mag passend sein. Bluse oder Shirt sollten helle Farben haben. Auf den Transparentlook oder Mini sollten Sie im Vorstellungsgespräch bei aller Frechheit verzichten. Schick ist gut, sexy gefährlich!

> Ihre Kleidung muss gepflegt und sauber sein. Also lieber nochmals reinigen lassen, wenn Sie sich unsicher sind. Wählen Sie in jedem Fall etwas, in dem Sie sich wohl fühlen! **!**

Accessoires

Ihr Schmuck sollte dezent sein und zum Outfit passen. Inklusive Brille und Haarspange sollten Sie nicht mehr als neun Schmuckstücke tragen, zum Beispiel: zwei Ohrringe, eine Uhr, ein Armband, drei Ringe, eine Kette und Ihre Brille, falls Sie eine tragen. Protz ist out, Understatement ist in. Tragen Sie lieber wenig echten Schmuck als viel preiswertes Pseudogold.

Schuhe

Die Schuhe sind ein wichtiges Thema. Sie tragen uns durch das Leben und sind vielen Beanspruchungen ausgesetzt. Häufig sehen sie die Schuhcreme zu selten und den Schuhmacher gar nicht. Schiefgelatschte Absätze und abgestoßene Spitzen sollten Sie auf jeden Fall reparieren lassen. Wenn Sie in neue Schuhe investieren wollen, so wählen Sie ein klassisches Modell, in dem Sie gut laufen können. Vor Ihrem Termin sollten Sie die Schuhe ein paar Mal angehabt haben, um sie einzulaufen, denn nichts ist gemeiner als schmerzende Füße und Blasen! Meine Erfahrung ist, dass sich die Investition in gutes Schuhwerk immer lohnt. Mit klassischen Pumps oder halbhohen Absätzen stehen Sie gut da. Die Highheels oder Stilettos heben Sie sich besser für den Abend auf. Die Farbe Ihrer Handtasche oder Aktentasche sollte mit der Farbe Ihrer Schuhe entweder übereinstimmen oder zumindest harmonieren.

Taschentuch!

Auch wenn es altmodisch klingen mag – stecken Sie ein sauberes Taschentuch ein! Die Gefahr feuchter Hände oder eines Niesanfalls ist selten auszuschließen.

Feuchte Hände

Reiben Sie Ihre Hände vor dem Termin mit ein wenig Talkumpuder ein oder benutzen Sie ein Mineraldeo! Das hilft über das erste Händeschütteln trocken hinweg.

Gestik, Mimik und Haltung

Wussten Sie, dass Aussehen, Gestik und Mimik Ihren Erfolg zu 55% beeinflussen? Wenn Sie zum Beispiel ein nervöses Lid- oder Augenzucken haben, bauen Sie Ihr Magnesiumdepot auf. Wenn Sie mindestens drei Wochen vor Ihrem Vorstellungstermin damit anfangen, täglich 300 mg Magnesium zu nehmen, sollte sich Ihr Nervenkostüm bis zum Termin etwas stabilisiert haben.

Vergraben Sie Ihre Hände nicht zwischen den Beinen oder in Ihrem Schoß. Das signalisiert Unbehagen und Unwohlsein. Legen Sie sie ganz locker auf den Tisch. Natürliche Gestik zur Unterstreichung Ihrer Aussagen ist prima. Vermeiden Sie ausuferndes Gestikulieren oder großes Drama.

Gehen Sie gerade und sitzen Sie auch so. Bequemes oder lässiges Hinfläzen sind unmöglich! Hochgezogene Schultern oder mutlos herabgezogene Mundwinkel unterstreichen Ihren Stress. Zeigen Sie Rückgrat, indem Sie Ihre Schultern nach unten senken und Ihre Wirbel vor dem Gespräch in die Reihe schütteln – so als würden Sie auf einer Chi-Maschine liegen.

Wählen Sie Ihre Kleidung konventionell oder klassisch aus, fügen Sie Ihren persönlichen Akzent hinzu, so wie Sie es im Job auch tun würden. Sie sollten sich in Ihrer Haut und in Ihrer Kleidung wohl fühlen, denn das Vorstellungsgespräch ist anstrengend genug. Wenn Sie Ihr Outfit dann noch kneift und zwickt, kann das fatale Folgen haben. Wenn Sie sich jedoch gut fühlen, strahlen Sie das auch aus: Ihre Gesichtszüge wirken straff, Ihre Augen sind lebendig und die Mundwinkel bewegen sich leichter in Richtung oben, denn im Vorstellungsgespräch darf durchaus gelacht werden. Ihre Haltung und Ihr Gang sind aufrecht, Ihre Körpersprache ist stimmig. Bedenken Sie, dass manche Firmen den Parkplatz beobachten, um zu sehen, wie Sie sich verhalten und bewegen, wenn Sie sich unbeobachtet glauben!

Der Angstfaktor

Jedes Vorstellungsgespräch ist eine Art Prüfung und deshalb angstbehaftet. Sie möchten gut ankommen, wissen jedoch in den seltensten Fällen, worauf wirklich Wert gelegt wird, und befinden sich noch dazu in einer absoluten Konkurrenzsituation! Das verursacht auch frechen Frauen ein bisschen Muffensausen, zumal die Angst vor Arbeitslosigkeit die größte Angst der Deutschen ist (Quelle R+V Langzeitstudie 2004).

Wie atmen Sie, wenn Sie Angst haben? Wahrscheinlich ganz flach, vor allem wenn Sie denken „Ach, ich bin das Letzte" und „Ach, ich kann nichts". Gegen beide Gedanken sind auch freche Frauen nicht immun. Zwei Atemübungen zur Zentrierung, Beruhigung und Belebung, je nachdem, was Ihnen fehlt, finden Sie auf Seite 135.

Hinterfragen Sie sich!

Ihre Ziele und Beweggründe für diese Bewerbung sollten Sie noch einmal bewusst hinterfragen:

- ❑ Will ich diesen Job wirklich? (Oder geht es Ihnen nur um einen Job?)

- ❏ Warum will ich diesen Job? (Ist es Statusdenken oder wollen Sie dort arbeiten?)
- ❏ Wenn ich ihn bekomme, bin ich auch die richtige Person dafür? (Sind Sie's wirklich?)
- ❏ Was ist, wenn ich die Stelle nicht bekomme? (Haben Sie andere Bewerbungen laufen?)

Überprüfen Sie Ihre Einstellung zum Unternehmen, zu dessen Produkten und Ihrer Zukunft in dieser Firma. Welches sind Ihre Bedenken, Ihre Hoffnungen, Ihre Wünsche? Machen Sie sich Notizen für das Vorstellungsgespräch.

Gedankenspiele

Sie können sich mental auf die Situation im Vorstellungsgespräch einstimmen, indem Sie diese vorher in allen nur möglichen Varianten gedanklich durchspielen. Malen Sie sich die Details, die Fragen und Ihre Antworten so farbig und konkret wie möglich aus. Sehen Sie sich dazu auch den Interviewleitfaden und die Vorstellungs-Kurznotiz auf den Seiten 193 ff. an.

- ❏ Variante 1: Das perfekt gelungene Vorstellungsgespräch
  Man ist sich sympathisch, die Chemie stimmt. Das Gespräch verläuft sehr angenehm, Sie fühlen sich sicher. Das Ergebnis: Gute Chancen, den Job zu bekommen. Diese Variante sollten Sie sich in allen Details immer wieder im „Gehirnkino" ansehen, also immer wieder gedanklich durchspielen.
- ❏ Variante 2: Das schwierige Vorstellungsgespräch
  Sie haben ein komisches Gefühl und sind sehr nervös. Der Gesprächsverlauf ist holperig. Am Ende trennt man sich höflich und ein bisschen erleichtert. Ob Sie zum zweiten Gespräch eingeladen werden, hängt noch in der Luft. Je öfter Sie diese Vorstellung gut meistern, desto eher werden Sie schwierige Gesprächssituationen in der Realität souverän durchstehen, denn Sie haben sie ja bereits gedanklich in allen Facetten durchgespielt.
- ❏ Variante 3: Der schlimmste Fall
  Die gegenseitige Sympathie hält sich in Grenzen. Das Gespräch ist stockend, das Interesse füreinander gering. Am

liebsten würden Sie das Gespräch abbrechen und Ihre Bewerbung zurückziehen. Überlegen Sie sich: Wie würden Sie sich dabei fühlen? Was für Konsequenzen würde dieses Verhalten nach sich ziehen? Auch wenn Ihnen diese Vorstellung unangenehm ist, versuchen Sie trotzdem, gedanklich das Gespräch zum Positiven zu wenden, und greifen Sie in Ihrer Fantasie zu allen Mitteln und Tricks, die Ihnen zur Verbesserung einfallen.

Dieses Vorgehen – vor allem die Varianten 2 und 3 – spielen Sie bitte gedanklich Punkt für Punkt in allen Facetten durch. Überlegen Sie sich verschiedene Lösungsmöglichkeiten für jede auftretende Schwierigkeit oder Missstimmung. Stellen Sie sich die unbequemsten Fragen vor, die Ihnen je gestellt werden könnten. Bereiten Sie darauf so viele Antworten wie möglich vor – schlüssige, intelligente, freche, witzige und paradoxe.

Machen Sie sich dieses Vorgehen in allen Vorbereitungssituationen zur Regel. Es ist ein mentales Gedankenspiel, das Sie auf den „Ernstfall" vorbereitet und Ihnen hilft, schwierige Gesprächssituationen in der Realität elegant zu meistern. Je mehr Möglichkeiten Sie durchgespielt haben, desto souveräner werden Sie im Gespräch sein.

Locker und gelassen, das ist der Gemütszustand, den Sie haben sollten, wenn Sie in ein Vorstellungsgespräch gehen. Sie sollten sich Ihrer Sache, also sich selbst, sicher sein und eine vorurteilsfreie Einstellung gegenüber Ihren Gesprächspartnern haben. Welches Interesse sollte Ihr Gegenüber daran haben, Ihnen eine bösartige Falle nach der anderen zu stellen? Es ist doch so: Die Firma braucht einen geeigneten Mitarbeiter – Sie brauchen einen geeigneten Job. Also stehen Sie beide auf der gleichen Ebene; beide können gewinnen, beide können verlieren. Es kommt hier auf ein ausgewogenes Geben und Nehmen an. Bedenken Sie, dass eine falsche Personalentscheidung das Unternehmen mindestens einen sechsstelligen Betrag kosten kann. Und Sie verlieren auf jeden Fall unersetzbare Lebenszeit. Deshalb sind Offenheit und Ehrlichkeit ausgesprochen wichtig, und zwar von

beiden Seiten! Sie verlassen sich doch sicher darauf, dass das, was man Ihnen im Vorstellungsgespräch verspricht, im Arbeitsverhältnis eingehalten wird, oder?
Nun sind Sie hoffentlich entspannt und trotzdem voller Energie, so dass wir uns den möglichen unbequemen Fragen im Vorstellungsgespräch zuwenden können.

Auf welche Fragen müssen Sie gefasst sein?

Im Vorstellungsgespräch wird es immer um die Schlüsselfragen „Was wissen Sie über unser Unternehmen?", „Was können Sie?" und „Was wollen Sie beruflich erreichen?" gehen. Optimale Vorbereitung ist unbedingt angesagt, vor allem wenn Sie Lücken im Lebenslauf haben oder längere Zeit arbeitslos sind oder waren. Seien Sie bei der Beantwortung von Fragen präzise und kommen Sie schnell zum Punkt. „Rumzueiern", also viel Irrelevantes zu antworten oder Ihr Gegenüber mit epischer Breite zu langweilen, katapultiert Sie sehr schnell von der Liste der chancenreichsten Kandidatinnen.

Checkliste: Fragen, auf die Sie vorbereitet sein sollten

1. Können Sie bitte von sich erzählen?
   Fangen Sie anstatt beim Kindergarten am besten bei der letzten Stelle an!
2. Beschreiben Sie Ihre Berufserfahrung, wo haben Sie welche Erfahrungen gemacht?
   Pro Jobstation sollten Sie nicht mehr als 2 bis 3 Sätze sagen.
3. Weshalb haben Sie Ihr Studium/Ihre Ausbildung abgebrochen?
   Anstatt zu sagen „Es war mir zu stressig" empfiehlt sich die Aussage „Es war mir zu theoretisch".
4. Weshalb verlassen Sie Ihre jetzige Arbeitsstelle?
   Nicht weil Sie gemobbt werden, sondern weil Sie sich weiterentwickeln wollen.

5. Wie würden Sie sich selbst beurteilen? Welches sind Ihre größten Stärken/Schwächen?
   Das sollten Sie im Tiefschlaf wissen!
6. Haben Sie bereits Führungserfahrung? Wenn ja, welche und wie gingen Sie damit um?
   Geben Sie ruhig zu, wenn Sie kein Führungstyp sind. Nicht jede kann Frau Häuptling sein, es muss auch Indianerinnen geben. Und als Expertin sind Sie in Ihrem Fach auf jeden Fall topfit!
7. Arbeiten Sie gerne im Team oder sind Sie lieber ein Einzelkämpfer?
   Ein Alphatier mit Führungsanspruch wird sich im Team schwerer tun als jemand, der gerne mit anderen teilt und die Atmosphäre der Gruppe bevorzugt.
8. Wie strukturieren Sie Ihre Arbeit? Was tun Sie gerne/ungern?
   Hier empfiehlt sich die Wahrheit! Was meinen Sie, wie mein Büro aussieht, wenn ich an einem Buch oder Artikel schreibe? Jeder kennt kreatives Chaos. Doch wenn ich es in der Debitorenabteilung der Buchhaltung vorfinde, wo es um Akkuratesse geht, mache ich mir Gedanken. Wissen möchte man, dass Sie Ihre Termine einhalten, gut vorbereitet zu Meetings erscheinen, Prioritäten setzen können etc. Und was Sie gerne oder weniger gerne tun, das wissen Sie ja seit Kapitel 1. Auf jeden Fall sollten Sie die notwendigen Routineaufgaben erledigen können.
9. Welches sind Ihre mittelfristigen/langfristigen Karriereziele?
   Wo wollen Sie in drei Jahren stehen? Besser nicht auf dem Stuhl Ihres Gesprächspartners – und wenn dem doch so ist, dann verschweigen Sie es höflich. Hier ist zum Beispiel der Moment, wo Sie nach Möglichkeiten fragen können, Ihrem Beruf über die Babypause hinaus nachzugehen! Gefragt wird zum Beispiel, ob Sie Führungsverantwortung anstreben oder eher Familienglück – ob Sie zu den strategischen High Potentials gehören oder ob Sie eher abwarten, was auf Sie zukommt.

10. Welche Erfahrungen, Fähigkeiten und Kenntnisse bringen Sie mit, um in dieser Position erfolgreich zu sein?
    Spätestens jetzt zeigt sich, ob Sie Ihre Hausaufgaben gemacht haben. Vermeiden Sie, zu sehr auf den Putz zu hauen, und die typische Frauensprache von „eigentlich - könnte - würde - möchte ...".
11. Wie lange würden Sie in dieser Position bleiben? Wie stellen Sie sich Ihre weitere Entwicklung vor?
    Hier ist Ihre strategische Komponente gefragt, liebe Damen! Wie sieht Ihre Karriereplanung in dieser Firma aus? Das sollten Sie an dieser Stelle fragen!
12. Was wissen Sie über unsere Firma, unsere Produkte, unsere Märkte, unsere Kunden? Was gefällt Ihnen daran? Was würden Sie verändern?
    Das ist die Frage, um sich von Ihrer Konkurrenz abzuheben – vorausgesetzt, Sie haben sich umfassend schlau gemacht. Sonst könnten Sie sich hier erbarmungslos blamieren!
13. Warum haben Sie sich bei uns beworben?
    Erklären Sie Ihre Erwartungen an Ihren potenziellen Arbeitgeber und Ihr Arbeitsumfeld. Erfragen Sie im Gegenzug auch, was von Ihnen erwartet wird.
14. Was halten Sie von unserer hierarchischen Struktur?
    Das Positive ist, dass Sie wissen, wer Ihr Chef ist und welche Strukturen es gibt. Das Negative ist, dass die Kommunikation eventuell länger dauern kann. Wenn Sie allerdings schon einmal in einer Matrixorganisation gearbeitet haben, werden Sie die Vorteile deutlich erkennen.
15. Wie ist Ihre private Situation, sind Sie verheiratet, haben Sie Kinder, was arbeitet Ihre Frau/Ihr Mann?
    Sagen Sie hier nur das, was Sie später niemals bereuen werden! Privates hat im Beruf wenig verloren und Sie können freundlich klarstellen, dass Sie beides strikt trennen. Wenn jedoch die Firmenkultur nach dem Grundsatz „Wir sind alle eine große Familie" funktioniert, empfiehlt sich kontrollierte Offenheit.

16. Wie mobil sind Sie? Wie ist Ihre Einstellung zu Dienstreisen, zu einem Umzug?
    Bleiben Sie bei der Wahrheit, sonst finden Sie sich vielleicht in einem Job wieder, der Ihnen nicht gefällt.
17. Welche Sprachen sprechen Sie? Wie gut? Können wir das Gespräch in dieser Sprache fortsetzen?
    Gut für Sie, wenn Sie die Arbeitslosigkeit oder das „lange Warten" für einen Sprachkurs genutzt haben!
18. Welche Erfahrungen haben am meisten zu Ihrer Persönlichkeit beigetragen?
    Wenn Sie aus einem Scheitern gelernt haben, können Sie dies kurz und knapp erwähnen. Sie können auch über die Hilfe Ihrer Mentorin sprechen oder was immer für Sie stimmig ist.
19. Bei welchen anderen Firmen haben Sie sich beworben?
    Entscheiden Sie selbst, ob Sie wirklich eine Auskunft geben wollen.
20. Was bedeutet Verantwortung für Sie? Übernehmen Sie gerne Verantwortung?
    Na klar, Sie haben ja die Verantwortung für Ihr berufliches Fortkommen auch übernommen, oder etwa nicht?
21. Was wollen Sie verdienen?
    Bitte seien Sie realistisch. Wenn Sie Ihr letztes Gehalt nennen, lügen Sie bitte nicht, denn Ihre wahren Bezüge stehen auf der Lohnsteuerkarte, die Sie beim neuen Arbeitgeber abgeben müssen. Wenn Sie ein unteres Limit haben, dann sollten Sie das schon vorab geklärt haben. Denn wer zu wenig verdient, wird leichter krank, fanden Verhaltensforscher heraus. Fordern Sie moderat und machen Sie deutlich, welchen Wert Sie für das Unternehmen darstellen. Bieten Sie Alternativen an, wie Firmendirektversicherung etc. oder Leistungsboni.
22. Was ist das Schlimmste, was Ihnen bei uns passieren kann?
    Heiße Frage! Was ist das Schlimmste, was Ihnen im Job passieren kann?

23. Warum waren Sie so lange arbeitslos?
    Sie können die Wahrheit sagen und auch, wie Sie diese Zeit neben intensiver Arbeitssuche genutzt haben. Weiterbildungen, Auslandsaufenthalte, der Erwerb besonderer Fähigkeiten, Praktika, freiberufliche Projektarbeit etc. gehören hierher.

Man kann es nicht oft genug sagen: Geben Sie ehrliche Antworten! Sie müssen nicht auf jede Frage eine Antwort haben. Es zeugt von Ehrlichkeit und Zivilcourage, zu sagen „Das weiß ich nicht“ oder „Darüber habe ich mir noch keine Gedanken gemacht“. Sie können sich Zeit erbitten, um über Ihre Antwort nachzudenken, oder nach weiteren Informationen fragen. Das kommt oft besser an als die gut eingeübten „spontanen“ Antworten. So wie Sie durchaus in der Lage sind, unehrliche oder Gefälligkeitsantworten zu erkennen, so erkennt sie Ihr Gegenüber auch – und das gibt Minuspunkte. Wenn Sie nach Ihren Schwächen gefragt werden, versuchen Sie, sie elegant nach Stärken aussehen zu lassen. Eine Ihrer Schwächen könnte zum Beispiel Ihr Perfektionsdrang sein …

Der menschliche Faktor

Zum Glück setzt sich auch in Deutschland mehr und mehr die Erkenntnis durch, dass Mitarbeiter das größte Kapital einer Firma sind. Neben der offensichtlichen Fachqualifikation, die anhand des Lebenslaufs und der Zeugnisse überprüft werden kann, wird immer mehr Wert darauf gelegt, dass die neue Mitarbeiterin zum Unternehmen passt. Und um das herauszufinden, „nur“ darum geht es letztlich im Vorstellungsgespräch. Die drei Dinge, auf die es ankommt, sind:

- ❑ Passt die Chemie zwischen Unternehmen und Mitarbeiterin?
- ❑ Lässt sich die neue Mitarbeiterin in die bestehenden Strukturen integrieren?
- ❑ Wie ist ihre persönliche Einstellung zur Arbeit und zum Unternehmen selbst?

Ich hoffe, Sie haben durch Ihre Arbeit an den beiden ersten Kapiteln dieses Buches eine realistische Einstellung gegenüber sich selbst gewonnen und können positiv gestimmt in Ihr Vorstellungsgespräch gehen. Das strahlt aus auf die physische Haltung – und der Körper lügt nicht!

Bestimmt haben Sie sich über das Unternehmen, das Sie kennen lernen will, schlau gemacht und können Ihre Stärken und Ihr Potenzial präzise und auf den Punkt genau formuliert darstellen.

Nicht nur Sie als Bewerberin bereiten sich auf dieses Gespräch vor, auch Ihre Gesprächspartner im Unternehmen tun das. Dazu benutzen sie mehr oder weniger ausgearbeitete Interviewleitfäden, wie zum Beispiel diesen:

Interviewleitfaden

Name: ______________________________ Datum: __________________

Persönliche Situation des Bewerbers/der Bewerberin

Schulbildung/Studium.

Berufliche Ausbildung/Beruflicher Werdegang:

Bitte schildern Sie in kurzen Sätzen Ihren bisherigen Ausbildungs- und Berufsweg.

Was hatte den größten Einfluss auf Ihre Berufswahl?

Welche beruflichen Tätigkeiten haben Sie bis jetzt nach der Ausbildung ausgeübt?

Aufgaben und Aufgabenschwerpunkte?

Verantwortlichkeiten, Kompetenzen?

Weiterbildungsaktivitäten:

Was haben Sie während der einzelnen Stationen Ihres Berufslebens gelernt, wovon Sie heute noch profitieren?

Aktuelle Position / Neue Position:

Schildern Sie einen typischen Tagesablauf in Ihrer jetzigen Position:

Was von Ihrer Tätigkeit bei Ihrem jetzigen Arbeitgeber werden Sie vermissen?

Warum wollen Sie sich verändern?

Welche Ziele haben Sie für eine neue Position?

Persönliches:

Was hat dazu beigetragen, dass Sie bisher beruflich erfolgreich waren?

Welches sind Ihre Stärken?

Zum Ausbau welcher Kompetenzen/Fähigkeiten haben Sie sich in der Vergangenheit Weiterbildungsmaßnahmen gewünscht?
Warum haben Sie sie nicht besucht?

Arbeitsverhalten:
Welche Routinearbeiten gibt es in Ihrer jetzigen Aufgabenstellung und wie gehen Sie damit um?
Was ist Ihnen in Bezug auf Ihre Arbeitsumgebung wichtig?
Wie würden Sie Ihren Arbeitsstil bezeichnen?

Umgang mit Kollegen und Vorgesetzten:
In welchen Situationen stimmen Sie sich mit Ihren Vorgesetzten ab und in welchen nicht?
Arbeiten Sie in einem Team und wie ist es zusammengesetzt (wie viele Kollegen bzw. Kolleginnen, Berichtsweg, Zuständigkeiten)?

Leistungsbereitschaft:
Gibt es Situationen, die für Sie stressbehaftet sind?
Was motiviert Sie, Leistung zu bringen?
Welche beruflichen Pläne haben Sie kurz- und mittelfristig?

Sonstiges:
Wie viele Stunden arbeiten Sie in der Woche?
Welche Erwartung haben Sie an Ihre Arbeitszeit?
Wann sind Sie verfügbar?
Wie hoch ist Ihr jetziges Jahresgesamtgehalt?

(Abdruck mit freundlicher Genehmigung von Isolde Thomas, Personalberatung Thomas, München, www.personalberatung-thomas.de)

Im Gespräch sitzen sich die gut vorbereitete Bewerberin und der zuständige Personalreferent zum ersten Mal gegenüber. Manchmal ist auch der potenzielle Fachvorgesetzte dabei. Entspannung trotz großer Anspannung ist angesagt – und das können Sie mit richtigem Atmen und dem inneren Wissen, dass Sie top qualifiziert sind und in diesem Gespräch Ihr Bestes geben, gut vermitteln.

Als Hilfestellung noch 12 Punkte, auf die von Personalern bestimmt geachtet wird:

1. Wie ist der erste Eindruck? Er entsteht innerhalb von 6 Sekunden und er kann (manchmal) im Gespräch revidierbar sein.
2. Die Ausstrahlung: positiv, sympathisch, optimistisch, spontan, freundlich? Wenn Sie gerade einen Todesfall in der Familie hatten, sagen Sie es! Es macht keinen Sinn, so zu tun, als ob es nicht geschehen wäre. Ihr Gegenüber bekommt es mit, und wenn Sie nichts sagen, kann er es nicht zuordnen und schon entsteht eine „schräge" Atmosphäre.
3. Die Aufwärmphase dient zur Entspannung: Ist der Auftritt stimmig? Wie und wann legt die Kandidatin ihre Nervosität ab? Ist sie small-talk-fähig?
4. Ist die Kleidung angemessen? Entspricht sie der Position und dem persönlichen Stil?
5. Hat sich die Kandidatin intensiv mit dem Unternehmen beschäftigt? Was weiß sie darüber, wo fragt sie nach?
6. Welche Fragen stellt die Bewerberin in Bezug auf ihren Arbeitsplatz, die KollegInnen und Entwicklungsmöglichkeiten im Unternehmen?
7. Sind ihre Vorstellungen realistisch?
8. Kann sie sich präzise äußern oder eiert sie um die Themen herum?
9. Sind die Aussagen authentisch, also echt und wahrheitsgetreu?

10. Ist der Fokus eher lösungs- oder problemorientiert?
11. Hat sie sich ernsthaft mit der Frage auseinander gesetzt, warum sie für diese Position geeignet ist, und kann sie das einleuchtend kommunizieren?
12. Verfügt die Bewerberin in ausreichendem Maße über die „Soft Skills“ wie: soziale Kompetenz, Teamfähigkeit, Flexibilität, Offenheit, Neues zu lernen, Begeisterungsfähigkeit, Toleranz, Kreativität? Und bitte nutzen Sie Ihre eigenen Worte, um diese Fähigkeiten zu beschreiben!

Viele meiner Interviewpartner gaben offen zu, dass sie sich vom persönlichen Eindruck beeinflussen lassen und die fachliche Kompetenz letztlich mit ca. 70% zu Buche schlägt, während der Sympathiefaktor immerhin auf 30% kam. Auch merkten sie an, dass das Verhalten der Bewerberin nach dem Vorstellungsgespräch durchaus Einfluss auf ihre Entscheidung hat: zum Beispiel ob sie bei bestimmten Verhandlungspunkten „nachbessern will“ und ob die Aussagen des ersten mit denen des zweiten Vorstellungsgesprächs übereinstimmen.

Bedenken Sie bitte, dass Sie immer die Chance haben, eventuelle „Fehler“ wieder gutzumachen. William Somerset Maugham sagte einmal: „Nur ein mittelmäßiger Mensch ist immer in Hochform.“ Trotzdem: Sitzen Sie nicht stumm herum wie das hypnotisierte Kaninchen vor der Schlange. Denken Sie an Ihre Schlagfertigkeit und nutzen Sie Ihr Potenzial! Es ist ebenso wichtig für die Unternehmen, Mitarbeiterinnen zu gewinnen, die zu ihnen passen, wie für Sie, einen passenden Job zu finden. Sie sind eine ebenbürtige Partnerin, deshalb erlauben Sie sich, so gut wie nötig zu sein.

Checkliste zum Vorstellungsgespräch

- ❑ Hören Sie dem anderen gut zu und signalisieren Sie, dass Sie seine Argumente gut nachvollziehen können.
- ❑ Liefern Sie Argumente, die auf das Gegenüber zugeschnitten sind.
- ❑ Untermauern Sie diese Argumente mit Beweisen und Beispielen.
- ❑ Drücken Sie sich möglichst einfach und unmissverständlich aus.
- ❑ Passen Sie sich in Ihrem Redestil dem des anderen an – ohne sich zu verbiegen.
- ❑ Heben Sie Ähnlichkeiten zwischen sich und dem Unternehmen hervor.
- ❑ Stellen Sie Fragen, die den anderen in eine andere Richtung denken lassen, wenn Sie nicht antworten wollen!

Unerlaubte Fragen

Unzulässig ist auf jeden Fall die Frage nach einer Schwangerschaft. Trotzdem empfehle ich, die Ihnen gestellten Fragen wahrheitsgemäß zu beantworten. Meine Erfahrung ist, dass Unternehmen positiv reagieren, wenn auf diese Frage mit einer schlüssigen Strategie geantwortet wird. Man gewinnt dadurch den Eindruck, dass sich frau mit dem Thema auseinander gesetzt hat. Es ist ja nicht so, dass Frauen keine Karriere machen können, weil sie Kinder bekommen, sondern weil sie für sie sorgen müssen. Es ist immer noch selbstverständlich, dass frau zu Hause bleibt, wenn das Kind erkrankt, während mann zur Arbeit geht. Dadurch werden Frauen als „unzuverlässig" eingestuft, obwohl ihre Verweildauer im Unternehmen länger ist als die der Männer.

Eine allgemein gehaltene Gesundheitsfrage ist grundsätzlich zulässig. Doch nach einer Schwerbehinderung darf der Arbeitgeber nur dann fragen, wenn ein zwingender Zusammenhang mit der angestrebten Tätigkeit besteht.

Die politische oder religiöse Einstellung geht den Arbeitgeber ebenfalls nichts an, es sei denn, es handelt sich um den öffentlichen Dienst oder eine kirchliche Einrichtung. In jedem Fall ist Arbeitgebern erlaubt, nach einer Scientology-Mitgliedschaft zu fragen.

Vorstrafen dürfen nur erfragt werden, wenn es für die Besetzung des Arbeitsplatzes von Bedeutung ist – zum Beispiel bei Polizisten.

Zeigen Sie im Vorstellungsgespräch eine „abgespeckte" Variante Ihrer Persönlichkeit. Verstärken Sie das, was für das Unternehmen von Nutzen ist, und das sind im Allgemeinen:

- ❑ Integrationsfähigkeit
- ❑ Rücksichtnahme
- ❑ Ausgeprägte Balance von Geben und Nehmen
- ❑ Geistige Flexibilität
- ❑ Kommunikationsstärke
- ❑ Ehrlichkeit und Integrität

Das heißt: einfach gute, passende Mitarbeiterinnen!

4 Umgang mit Absagen

Copyright: Gutsch-Verlag, Berlin

Liebe freche, auffallend gute Frau: Sie haben sich mit Ihren Stärken und Schwächen auseinander gesetzt, sind Ihrem Potenzial etwas näher gekommen, haben an Ihren Bewerbungsunterlagen gefeilt und ein prima Anschreiben erarbeitet. Vielleicht waren Sie sogar zum Vorstellungsgespräch eingeladen und hatten danach das Gefühl, dass es klappen könnte mit dem Job. Und nun das: die Absage! Das tut weh.

Auch wenn Sie rational mit der Situation umgehen und sich damit trösten, dass Sie noch einige interessante Bewerbungen offen haben, oder sich sagen, dass Ihnen dieser Job sowieso nicht wichtig war, steht doch unausgesprochen die Frage im Raum: „Warum wurde ich nicht genommen? War ich nicht gut genug? Was hat die/der andere, das ich nicht habe?“ Eine Ablehnung bewirkt immer einen gewissen Zweifel an sich selbst und kaum jemand ist darüber so erhaben, wie es oft scheinen mag – glauben Sie mir.

Es gibt keine negativen Emotionen!

Schieben Sie Ihre Enttäuschung, Ihre Wut, Frustration oder gar Existenzangst nicht weg, auch wenn diese Gefühle wenig angenehm sind. Lassen Sie die Emotionen zu und spüren Sie nach, woher sie kommen und was sie Ihnen sagen wollen. Nur wenn Sie sich dieser Gefühlswelt annehmen, sich bewusst machen, wo die Wurzel Ihrer Reaktionen liegt, haben Sie eine Chance. So genannte negative Emotionen werden Sie im Leben immer haben. Sie sind sozusagen die Nachtseite der als positiv erlebten täglichen Glücksgefühle und Sie wissen: Nur wenn Sie Glück empfinden können, wissen Sie, wie sich Unglück anfühlt und umgekehrt. Es geht nicht darum, diese als negativ empfundenen Emotionen wegzudrücken oder zu rationalisieren. Es geht darum, sie wie kleine, ungeliebte Kinder anzunehmen; sie zu akzeptieren und da sein zu lassen, denn sie gehören nun einmal zum Leben dazu; sie als das wertzuschätzen, was sie sind: Wegweiser zu unserem Entwicklungspotenzial, Hinweise auf etwas, wovon wir loslassen oder woran wir noch arbeiten müssen.

Entrümpeln Sie!

Wenn Sie Ihren Kleiderschrank räumen oder Altes wegwerfen – wie fühlen Sie sich da? Erleichtert? Befreit? Froh, dass alles

wieder übersichtlich geworden ist? Ist es Ihnen schwer gefallen, sich von dem einen oder anderen Teil zu trennen, weil Sie bestimmte Erinnerungen damit verknüpfen? Oder überlegen Sie, ob Sie es wieder einmal brauchen könnten? Zögern Sie, den sündhaft teuren Mantel wegzugeben, der Ihnen eigentlich gar nicht steht? So ist es auch mit dem Entrümpeln von alten Gefühlsmustern. Sie wollen noch einmal von allen Seiten genau betrachtet werden, bevor Sie entscheiden können, ob Sie sie weiter mit sich herumschleppen wollen oder nicht. Lassen Sie sich dabei von einem guten Coach oder Psychologen begleiten. Diese Hilfestellung lohnt sich.
Hier einige Denkanstöße aus meiner Coaching-Praxis:

- ❑ Sind Ihre Enttäuschung, Wut, Frustration, Angst Teile eines Musters, das sich durch Ihr Leben zieht?
- ❑ In welchen Situationen sind sie aufgetreten und was haben diese Situationen mit der jetzigen gemeinsam?
- ❑ Kennen Sie das Gefühl, immer zu kurz zu kommen?
- ❑ Meinen Sie, dass niemand Sie mag?
- ❑ Meinen Sie, nie das zu bekommen, was Sie wirklich wollen?
- ❑ Glauben Sie, dass andere Ihnen vorgezogen werden?
- ❑ Schämen Sie sich Ihres Schulabschlusses?
- ❑ Haben Sie den Eindruck, dass andere besser sind als Sie?
- ❑ Meinen Sie, dass Sie nicht zu den Erfolgreichen, Glücklichen etc. gehören dürfen?

Überlegen Sie sich, woher Sie diese Gefühle kennen, wo sie entstanden sind und welche Bedeutung sie heute in Ihrem Leben haben. Es kann sein, dass Sie an schmerzliche Situationen erinnert werden, die lange her sind. Und wenn man sich verletzt, klebt man ein Pflaster auf die Wunde. Ist diese Wunde nicht wirklich sauber – das heißt, bleibt das negative Erlebnis unverarbeitet –, fängt die Wunde an zu eitern, egal, wie oft das Pflaster gewechselt wird. Und so brechen diese alten Verletzungen immer wieder auf, bis die Ursache des Schmerzes noch einmal nachvollzogen wurde – aus der Sicht von damals und aus der Sicht von heute. Machen Sie das Ergebnis dieser Suche nicht mit sich selber aus – sprechen Sie gleich darüber mit einem Menschen, von dem Sie wissen, dass Ihre innersten Gefühle dort gut aufgehoben sind.

Damals und heute

Wenn Sie sich mit Ihren damaligen Gefühlen auseinander gesetzt haben, betrachten Sie die Situation einmal aus heutiger Sicht: Welches war der Nutzen, den Sie aus der damaligen Verletzung gezogen haben? Haben Sie aus dem Gefühl, nicht gut genug zu sein, stets versucht, als Beste zu brillieren – in der Schule, im Beruf, in der Partnerschaft? Sind Sie heute nach außen eine erfolgreiche, mitten im Leben stehende Frau, die Beruf, Familie und Partnerschaft scheinbar mühelos unter einen Hut bringt? Wie wäre Ihr Leben heute, wenn Sie diese Verletzung damals nicht erlitten hätten? Ich bin sicher, Sie werden sich nach diesen Überlegungen mit ehrlicher Dankbarkeit von überholten Denkstrukturen verabschieden können.

Heute als erwachsene Frau sind Sie die Meisterin Ihres Lebensspiels und Sie wissen sehr genau, wie Sie sich das holen können, was Sie wollen. Sie entscheiden, ob Sie in einer unbefriedigenden Situation verharren oder ob Sie aufbrechen zu neuen Ufern. Mehr dazu haben Sie im Abschnitt „Welches ist Ihr Potenzial“ in Kapitel 1 gelesen. Wenn Sie sich der Hintergründe Ihrer Emotionen bewusst sind, die diese Jobabsage bei Ihnen ausgelöst hat, haben Sie aus dem negativen Erleben einer Ablehnung eine wertvolle Erkenntnis über sich selbst gewonnen.

Warum ist Ihnen abgesagt worden?

Wenn es Ihnen wichtig war, für genau diese Firma genau diesen Job zu erledigen und Sie die Gründe für die Absage erfahren wollen, dann rufen Sie an! Selbstverständlich gelten für diesen Anruf die gleichen Regeln wie für die „Telefonbewerbung“, siehe Seite 131. Allerdings sollten Sie sich vorher darüber im Klaren sein, wie viel Ehrlichkeit seitens des Personalers Sie vertragen. Wollen Sie wirklich wissen, ob der Grund für die Absage in Ihrem ausschweifenden Redeschwall zu suchen ist oder ob es an Ihren überzogenen Gehaltsvorstellungen lag? Es gehört eine Menge Mut und Selbstkontrolle dazu, sich dieses Feedback wirklich abzuholen.

Die ganze Wahrheit werden Sie wahrscheinlich nicht erfahren, denn warum jemand das Rennen um den Job gewinnt, ist ein ebenso komplexes Thema. Trotzdem können Sie hilfreiche Informationen bekommen, wie zum Beispiel, ob Ihnen eine wichtige Qualifikation fehlte oder jemand mit mehr Berufserfahrung vorgezogen wurde.

z.B

Ein gutes Beispiel ist die Geschichte von Heidi:

Ein Medienkonzern suchte zur Verstärkung des Beteiligungscontrollings eine Diplomkauffrau. Heidis gut aufbereitete Bewerbungsmappe fiel aus dem Rahmen und erweckte die Aufmerksamkeit des Personalreferenten. Heidis Qualifikation entsprach dem fachlichen Profil und so wurde sie zum Vorstellungsgespräch eingeladen. Im Vorstellungsgespräch mit dem Abteilungsleiter Beteiligungscontrolling ergab sich dann folgendes Bild: Heidi war zwar im Controlling topfit, doch fehlten ihr die unbedingt erforderlichen Branchenkenntnisse. Diese Voraussetzung war von der Fachabteilung bedauerlicherweise dem erst seit kurzer Zeit im Unternehmen tätigen Personalreferenten nicht explizit mitgeteilt worden, da man davon ausging, dass das offensichtlich sein müsse – auch wenn es sich (nur) um Controlling handele. Also wurde Heidi trotz fachlicher Kompetenz nicht eingestellt.
Doch Heidi gab nicht auf. Nach 18 Monaten bewarb sie sich nochmals. Diesmal wurde sie eingestellt. Was ist passiert?
Heidi war wild entschlossen, in genau diesem Medienkonzern zu arbeiten. Die Vision des Unternehmens fand sie spannend und die Medienbranche an sich auch. Als ihre erste Bewerbung aufgrund der Kommunikationslücke zwischen den zwei Abteilungen abgelehnt wurde, war sie sehr enttäuscht. Im Gespräch mit ihren Freunden machte sie ihrem Frust erst einmal Luft. Dort stieß sie nicht nur auf Verständnis und Trost, sondern bekam gleich einen handfesten Tipp: „Wenn du Branchenkenntnisse brauchst, was hindert dich daran, dir diese anzueignen und es dann nochmals zu probieren?“

Das leuchtete Heidi ein und sie dachte über Möglichkeiten nach, wie sie dieses Defizit beseitigen könnte. Es war ihr klar, dass sie Geld verdienen musste, wenngleich sie für eine bestimmte Zeit auf einen Teil ihres Einkommens verzichten konnte. Also informierte sie sich, wie Geldverdienen und der Erwerb spezieller Kenntnisse der Medienbranche unter einen Hut zu bringen wären. Nach reiflicher Überlegung und Abwägen verschiedener Möglichkeiten belegte sie einen Studienlehrgang bei der Filmakademie, den sie mit einem Praktikum in einer Filmproduktionsgesellschaft kombinierte. Das bedeutete zwar viel Arbeit und wenig Geld, doch die Aussicht, so ihr Ziel, bei diesem Medienkonzern zu arbeiten, innerhalb eines überschaubaren Zeitrahmens vielleicht doch zu erreichen, ließ sie die eineinhalb Jahre durchhalten. Mit dem Abschlusszertifikat des Studienlehrgangs in der Tasche nahm sie erneut Kontakt mit dem Personalreferenten des Medienkonzerns auf und fragte nach, ob eine Stelle für sie frei sei. Der Personalreferent erinnerte sich an seinen „Fehler" und dass Heidi fachlich top qualifiziert war. Heidis lösungsorientierte Art, sich die Branchenkenntnisse anzueignen – und zwar auf die bestmögliche Art und Weise, theoretisch wie auch praktisch –, beeindruckte ihn sehr. Die Tatsache, dass sie ihm die Panne nicht nachgetragen hatte, Heidis Zielstrebigkeit und ihr klares Wollen, in gerade diesem Unternehmen mitzuarbeiten, machten den Personalreferenten zu ihrem Verbündeten. Es gab gerade eine Vakanz, auf die Heidis Profil passte, und die Kombination von persönlichem Engagement sowie fachlicher Eignung bei der zweiten Bewerbung war unschlagbar. Eine solche Bewerberin lässt man sich nicht entgehen.

!

Manche Absagen haben gar nichts mit Ihnen zu tun. Manchmal war es ein Kommunikationsloch zwischen Fach- und Personalabteilung, das in einer falschen Stellenausschreibung mündete, manchmal wurde die Stelle intern besetzt. Jeder Topf findet sein Deckelchen, heißt es und ich bin sicher, dass dieser Spruch bei der Arbeitssuche in der heutigen Zeit eine wichtige Stütze ist.

Initiativ beworben und auf Eis gelegt

Wenn Sie sich initiativ bewerben und das Unternehmen gerade keine Stelle in dem von Ihnen angestrebten Bereich frei hat, kann es sein, dass Sie ein so genanntes „Eis-Schreiben" bekommen. Darin steht, dass man gerade keine entsprechende Position frei hat und Ihnen deshalb keine Stelle anbieten kann. Ihre Unterlagen würde man jedoch gerne behalten, bis sich die Situation ändert. Weil sich die Unternehmen mit gut formulierten Schreiben als Arbeitgeber profilieren können, gibt es seit 2001 sogar einen Wettbewerb für das beste Eis-Schreiben.
Wenn Sie ein solches Eis-Schreiben bekommen haben, lohnt es sich, wenn Sie sich in regelmäßigen Abständen in Erinnerung bringen. Fragen Sie den zuständigen Personalreferenten, welche Zeiträume er empfehlen würde, und halten Sie sich daran. Ich habe von mehreren Fällen gehört, in denen das höflich-hartnäckige Nachfragen erfolgreich war. Wie bei Karin:

z.B.

Karin arbeitete als Autoverkäuferin in einem großen Konzern und war privat sehr an Film und Fernsehen interessiert. Trotz geringer Aussicht auf Erfolg sandte sie eine optisch ansprechende, knapp und deutlich gefasste Bewerbung an eine bekannte Mediengruppe. Im Begleitschreiben wies sie auf ihre umfassenden Kenntnisse der Materie hin, die sie sich über ihr Hobby, nämlich Kino und Fernsehen, erworben hatte. Nach einigen Wochen bekam Karin ein Eis-Schreiben.

Für Karin war ganz klar: Ich will unbedingt für diese Firma als Verkäuferin arbeiten. Mit meiner Bewerbung habe ich nichts zu verlieren – ich kann nur gewinnen und dafür setze ich mich ein. Mit dieser Einstellung rief Karin hartnäckig (ohne wirklich lästig zu werden) alle sechs Wochen an. Durch ihre Anrufe brachte sie sich immer wieder ins Gespräch. Sie wies darauf hin, dass sie sich mit dem Thema TV und Kino persönlich stark beschäftigt. Durch ihr Hobby hat sie ein trainiertes Auge für Filme und kennt sich in diesem Genre genauso gut aus wie bracheninterne Mitarbeiter. Nach einem Jahr und dem Motto „Steter Tropfen höhlt den Stein" war sie schlussendlich erfolgreich. Heidi bekam die frei gewordene Stelle einer Nachwuchsverkäuferin und stieg durch ihre Berufserfahrung sehr schnell zur Gruppenleitung auf.

Auf zum nächsten Gefecht!

Auf zehn Bewerbungen kommen im Allgemeinen nicht mehr als ein bis zwei Vorstellungsgespräche. Und nicht jeder Job kann Ihnen angeboten werden. Mit Ihren unangenehmen Gefühlen haben Sie sich konfrontiert und sie bearbeitet. Nun können Sie die folgenden zehn Fragen verstandesmäßig beantworten und daraus Ihre Schlüsse ziehen:

1. Welchen Anteil haben Sie/hat Ihr Verhalten an der Absage?
2. Waren Sie ehrlich in Ihrer Bewerbung / im Vorstellungsgespräch?
3. Was werden Sie beim nächsten Mal verbessern, worauf werden Sie mehr achten?
4. War der Job, für den Sie sich bewarben, für Sie der richtige?
5. Sind Ihre beruflichen Ansprüche realisierbar?
6. Ist Ihr berufliches Profil klar genug?
7. Haben Sie Ihr volles Potenzial vermittelt?
8. Sind Sie spielerisch mit der Situation umgegangen oder waren Sie verbissen?
9. Was hindert Sie daran, sich zu sagen: „Ich habe mein Bestes gegeben"?
10. Wo brauchen Sie Hilfe und Unterstützung?

Scheuen Sie sich nicht, noch einmal – oder immer wieder – von vorne anzufangen. Entgegen der landläufigen Meinung kommt stets etwas Besseres nach. Der Nutzen des Scheiterns liegt auch darin, dass das Richtige deutlicher wird. Also, stehen Sie wieder auf, wischen Sie sich die Nase ab, bringen Sie inneres und äußeres Make-up und Outfit in Ordnung und werfen Sie sich ins Spiel um neue Posten und Positionen! Neues Spiel, neues Glück oder: Man muss das Leben vorwärts leben, aber man kann es nur rückwärts verstehen.

Nachwort

Copyright: Gutsch-Verlag, Berlin

Liebe freche Frauen, die sich trauen!

Mit diesem Buch habe ich Sie auf Ihrer Reise vom Kennenlernen Ihres Potenzials bis hin zum Umgang mit einem eventuellen Scheitern begleitet. Ich hoffe, Sie haben Neues gefunden und sich angeeignet, Bekanntes wieder entdeckt und vieles von dem, was Ihnen gefallen hat, umgesetzt. Die Parallelen zu meinem Buch „Auffallend gut" sind gewollt, denn manche Dinge sind einfach so, wie sie sind, und behalten ihre Gültigkeit über die Zeit hinaus.
Ich bin der Überzeugung, dass Frauen ein viel bunteres Leben haben können, wenn sie es sich erlauben. Gleiches gilt natürlich auch für Männer. Lassen Sie uns alle danach streben, dass Arbeit wieder Freude macht. Seien wir stolz darauf, wie gut wir sind, und erlauben wir auch dem anderen, so gut zu sein, wie er nun eben ist.
Lassen Sie uns dafür einstehen, dass die Arbeitswelt wieder human wird und dass wir denkfähige Menschen und keine programmierbaren Roboter sind!
Es ist mir eine Freude, wenn Sie gestärkt und frohen Mutes aus der Lektüre hervorgehen und wenn Sie das *Sich Bewerben* unverkrampft mit spielerischem Ehrgeiz angehen. Vielleicht begegnen wir uns ja einmal irgendwo auf der Welt – als fröhliche, erfolgreiche und glücklich freche Frauen!
Mit einem Gedicht von Max Feigenwinter verabschiede ich mich von Ihnen für heute:

„Loslassen,
geschehen lassen,
zulassen,
was mir entspricht.
Geduld haben,
nicht drängen wollen,
vertrauen, dass geschieht,

was mir entspricht.
Innehalten,
still werden,
ruhig sein,
und die Seele wachsen lassen."

Toi, toi, toi und vertrauen Sie sich und Ihren Möglichkeiten!

Ihre *Claudia Nuber*
www.cnconsult.de

Danke!

Lassen Sie mich an dieser Stelle den vielen Menschen danken, die an diesem Buch beteiligt waren. Allen voran Christine M. Huber, ohne die es nie zustande gekommen wäre. Herbert Gutsch vom Gutsch-Verlag in Berlin hat großzügigerweise die Karten beigesteuert und Max Feigenwinter das wunderschöne Gedicht im Nachwort. Ich danke allen InterviewpartnerInnen, von denen ich so viel Interessantes erfahren habe; Naomi Isaacs und Isolde Thomas für ihre Beiträge; und den vielen Ungenannten. Mein besonderer Dank gilt Kerstin Gawenda vom Verlag Redline Wirtschaft, die für fast alles eine Lösung findet.

Literaturverzeichnis

Bewerbung allgemein

Bolles, Richard Nelson: *Durchstarten zum Traumjob. Das Bewerbungshandbuch für Ein-, Um- und Aufsteiger*, Campus 1999

Hesse, Jürgen/Schrader, Hans Christian: *Die perfekte schriftliche Bewerbung*, Eichborn 1998

Leger, Bernd: *Praktikum in USA und Kanada. Der Leitfaden für die erfolgreiche Bewerbung*, Campus 1996

List, Karl-Heinz: *Bewerbungsbriefe, die ankommen. Individuell und treffend formulieren. Gezielt zum neuen Job*, Fit for Business 2000

List, Karl-Heinz: *Kreative Jobsuche. Was will ich? Was kann ich? Wie erreiche ich mein Ziel?*, Fit for Business 2000

Manekeller, Wolfgang: *Außergewöhnliche Bewerbungen. Wie Sie schon bei der Präsentation Pluspunkte sammeln*, Gondrom 1998

Müller-Thurau, Claus Peter: *Fit 4 USA. So wird der USA-Aufenthalt zum Erfolg. Praxis-Tipps für Job, Schule, Praktikum, Studium*, Fit for Business 1999

Rye, David E.: *1001 Wege Karriere zu machen. Weiterkommen mit der richtigen Selbst-PR*, mvg 2001

Vollmer, Marianne: *Raus aus dem Haus: Bewerbungstraining für Mütter. Verwirklichen Sie Ihren Traum vom Beruf*, Fit for Business 2000

Weiser, Melitta: *Selbstdarstellung & Selfmarketing. So werden Sie eine unverwechselbare Persönlichkeit*, Fit for Business 2001

Willmer, Karin: *Aktiv zum neuen Job. Die erfolgreiche Initiativbewerbung*, mvg 2000

Winzen, Oscar J.: *Ihre berufliche Zukunft – Ihre Chance. Fähigkeiten erkennen. Ziele verwirklichen. Ihre persönliche Bewerbungsstrategie (Audiotraining)*, Fit for Business 2000

Online-Bewerbung

Hofert, Svenja: *Praxismappe für die perfekte Internet-Bewerbung*, Eichborn 2001

List, Karl-Heinz/Huber, Christine M.: *E-Mail-Bewerbung. Erstklassige Selbstpräsentation. Mit Antwortgarantie*, Fit for Business 2001

Vorstellungsgespräch

Friedrich, Hans: *Vorstellungsgespräche sicher und erfolgreich führen*, Falken 2000

Ibelgaufts, Renate: *Das überzeugende Vorstellungsgespräch. Erfolgreiche Strategien für den ersten Eindruck*, Falken 2000

Knebel, Heinz: *Das Vorstellungsgespräch. Die beliebteste Art, Mitarbeiter auszuwählen*, Schäffer 2000

Kratz, Hans-J.: *Das Vorstellungsgespräch. Optimal vorbereitet auf Ihren Live-Auftritt*, Walhalla 2000

Lines, June: *30 Minuten zum überzeugenden Vorstellungsgespräch*, GABAL 1999

Lucas, Manfred: *Das erfolgreiche Vorstellungsgespräch. Das neue Bewerbungswissen*, Fit for Business 2000

Gutzeit, Sabine F. *Die Stimme wirkungsvoll einsetzen* mit Audio CD, Beltz 2002

Einstellungs-, Persönlichkeits- und Intelligenztests

Gay, Friedbert: *Persönlichkeitsprofil DISG. Mit dem Original DISG-Test zur Selbstauswertung*, GABAL 2000

Hertwig, Sabine: *Der Testtrainer. Bewerbungs- und Eignungstests bestehen*, Goldmann 2001

Hesse, Jürgen/Schrader, Hans Christian: *Testtraining 2000 plus. Einstellungs- und Eignungstests erfolgreich bestehen*, Eichborn 2001

Reichel, Wolfgang: *Psychologische Eignungstests. Wozu sie eingesetzt werden und was den Bewerber erwartet*, Econ 1990

Sarges, Werner/Wottawa, Heinrich: *Handbuch wirtschaftspsychologischer Testverfahren*, Pabst-Verlag 2001

Siewert, Horst H.: *Kreativtests souverän meistern*, mvg 2000

Siewert, Horst H.: *Persönlichkeitstests souverän meistern*, mvg 2000

Siewert, Horst H.: *Intelligenztests souverän meistern*, Redline Wirtschaft 2005

Siewert, Horst H.: *Einstellungstests souverän meistern*, Redline Wirtschaft 2005

Assessment-Center

Brenner, Doris/Brenner, Frank/Giesen, Birgit: *Individuell bewerben. Mit praktischen Übungen zum Assessment Center*, Staufenbiel 2000

Gloor, Armin: *Die AC-Methode. Assessment Center: Führungskräfte beurteilen und fördern*, Orell Füssli 2000

Hesse, Jürgen/Schrader, Hans Christian: *Die 100 wichtigsten Fragen zum Assessment Center. Optimale Vorbereitung in kürzester Zeit*, Eichborn 1999

Hufnagl, Heidrun: *Vom Assessment-Center zum Multimodalen Auswahlverfahren. So nehmen Sie jede Hürde!*, Lexika 2001

Schumann, Karin von/Harss, Claudia: *Karriere-Chance Assessment-Center. Methodik und Hintergründe verstehen. Maximalen Gewinn erzielen. Für Teilnehmer und Unternehmen*, Fit for Business 2000

Wieler, Peter : *Trainingsbuch Einstellungstest und Assessment Center*, Heyne, 2003

Gehaltsverhandlungen

Brenner, Frank/Brenner, Doris/Gatz, Birgit: *100 Tipps: Gehaltsverhandlung*, Humboldt 2001

Lucas, Manfred: *Gehaltsverhandlungen richtig führen. So erkennen Sie Ihre Chancen. Die besten Verhandlungsstrategien. Wann es Zeit für einen Wechsel ist*, Econ 1998

Mendack, Susanne: *Besser verdienen – Richtig verhandeln. Die besten Argumente für mehr Gehalt. So überzeugen Sie*, Fit for Business 2000

Schössler, Christof: *Erste Hilfe. Mehr Gehalt. Die besten Argumente für clevere Gehaltsverhandlungen*, Haufe 2001

Frage- und Feedbacktechniken

Altmann, Hans Christian: *Die hohe Kunst der Überzeugung*, mvg 1999

Birkenbihl, Vera F.: *Fragetechnik ... schnell trainiert, Das Trainingsprogramm für Ihre erfolgreiche Gesprächsführung*, mvg 2000

Fengler, Jörg: *Feedback geben. Strategien und Überlegungen*, Beltz 1998

Fey, Gudrun: *Gelassenheit siegt! Mit Fragen, Vorwürfen, Angriffen souverän umgehen*, Fit for Business 2000

Ulsamer, Bertold: *Exzellente Kommunikation mit NLP*, GABAL 1997

Roebuck, Chris: *Professionell kommunizieren*, mvg 2001

Stoffel, Wolfgang: *Geschickt fragen. So überzeugen Sie in jeder beruflichen Situation*, Fit for Business 1999

Tipler, Julia: *Verhandlungen professionell führen*, mvg 2000

Persönliche Empfehlungen

Bauer-Jelinek, Christine: *Die helle und die dunkle Seite der Macht*, vabene, 2000

Buholzer, Sonja A.: *Frauen starten durch-Erfolgsstrategien für Gewinnerinnen*, mvg, 2001
Graff/Schaupp: *Business Etikette in Deutschland*, Datakontext, 2004
Johnson, Spencer: *Das Glücksprinzip*, Ariston 2002
Kassorla, Irene C.: *Tun Sie's doch! Lernen Sie, sich selbst zu lieben. Der Rest kommt dann fast von alleine*, Knaur 2001
Krause, Donald G., *Die Kunst des Krieges für Führungskräfte*, Redline-Wirtschaft 2002
Lauster, Peter: *Selbstbewußtsein*, Ullstein 2001
Osho: *Mut – lebe wild und gefährlich*, Heyne 2002
Plüskow, von Hans-Joachim: *Karriere ab 40*
Rottmann, Verena S.: *Legale Bewerbungstricks*, Walhalla 2003
Ruck, Karin: *Professionelles Networking*, Redline Wirtschaft 2004
Am Ende der Kraft beginnt ein neuer Weg - 2 Audio CDs, ERF Wilten 2003

Stichwortverzeichnis